理论创新

百年奋斗的源头活水

党的百年奋斗历史经验丛书

2022年主题出版重点出版物

总主编 辛向阳

沈 阳 著

山东城市出版传媒集团·济南出版社

图书在版编目(CIP)数据

理论创新:百年奋斗的源头活水/沈阳著.—
济南:济南出版社,2022.12
(党的百年奋斗历史经验丛书/辛向阳总主编)
ISBN 978 - 7 - 5488 - 5061 - 8

Ⅰ.①理…　Ⅱ.①沈…　Ⅲ.①中国共产党—党的建设
—研究　Ⅳ.①D26

中国版本图书馆 CIP 数据核字(2022)第 228099 号

理论创新:百年奋斗的源头活水
LILUN CHUANGXIN:BAINIAN FENDOU DE YUANTOU HUOSHUI

出 版 人	田俊林
责任编辑	弭玲玲
封面设计	胡大伟
出版发行	济南出版社
地　　址	山东省济南市二环南路 1 号(250002)
印　　刷	山东省东营市新华印刷厂
版　　次	2022 年 12 月第 1 版
印　　次	2023 年 5 月第 1 次印刷
成品尺寸	170 mm×240 mm　16 开
印　　张	12
字　　数	138 千
定　　价	59.00 元

(济南版图书,如有印装错误,请与出版社联系调换。联系电话:0531 - 86131736)

总　序

辛向阳

从 1921 年成立到现在，中国共产党一路走来，筚路蓝缕，披荆斩棘，栉风沐雨，不断从胜利走向胜利，从一个辉煌走向另一个辉煌，已经走过了一百多年的历程。正如习近平总书记在庆祝中国共产党成立 100 周年大会上的讲话中所指出："一百年来，中国共产党团结带领中国人民，以'为有牺牲多壮志，敢教日月换新天'的大无畏气概，书写了中华民族几千年历史上最恢宏的史诗。"一百多年前，党成立时只有 50 多名党员。今天，党已经成为拥有近一亿名党员、领导着 14 亿多人口大国、具有重大全球影响力的世界第一大执政党。一百多年前，中华民族呈现在世界面前的是一派衰败凋零的景象。今天，中华民族向世界展现的是一派欣欣向荣、朝气蓬勃的气象，正以不可阻挡的步伐迈向伟大复兴。这一百多年，有英勇顽强的奋斗，有艰难曲折的探索，有波澜壮阔的历程，也有动人心魄的故事，党历经淬炼，成就斐然。党自成立以来，始终把"为中国人民谋幸福、为中华民族谋复兴"作为自己的初心使命，以"为人类谋进步、为世界谋大同"彰显自己的天下情怀，始终坚持共产主义理想和社会主义信念，团结带领全国各族人民为争取民族独立、人民解放和实现国家富强、人民幸福以及强国建设、民族复兴而不懈奋斗，领导党和国家事业取得了历史性成就、实现了历史性变革、积累了历史性经验。

总结党的奋斗历程中的历史经验，既是党的优良传统，也是党的独特优势。过去一百多年，中国共产党向人民、向历史交出了一份优异的答卷。现在，中国共产党团结带领中国人民又踏上了实现第二个百年奋斗目标新的赶考之路，这就更加需要我们深刻总结党长期奋斗的历史经验。我们党历来高度重视总结历史经验。早在延安时期，毛泽东同志强调："如果不把党的历史搞清楚，不把党在历史上所走的路搞清楚，便不能把事情办得更好。"进入改革开放和社会主义现代化建设新时期，邓小平同志指出："历史上成功的经验是宝贵财富，错误的经验、失败的经验也是宝贵财富。这样来制定方针政策，就能统一全党思想，达到新的团结。这样的基础是最可靠的。"中国特色社会主义进入新时代，习近平总书记强调指出："历史是最好的教科书"，"历史是一面镜子"，"对我们共产党人来说，中国革命历史是最好的营养剂。多重温我们党领导人民进行革命的伟大历史，心中就会增加很多正能量"。习近平总书记还强调："中国历史是中国人民、中华民族坚持不懈的创业史和发展史。其中既有升平之世社会发展进步的丰富经验，也有衰乱之世的深刻教训以及由乱到治的经验智慧；既有当事者对时势的分析陈述，也有后人对前人得失的评论总结。可以说，在中国的史籍书林之中，蕴涵着十分丰富的治国理政的历史经验"，"我们学习历史，要结合我们正在干的事业和正在做的事情，善于借鉴历史上治理国家和社会的各种有益经验"。

在党的一百多年历史上，1945 年 4 月党的六届七中全会通过《关于若干历史问题的决议》，1981 年 6 月党的十一届六中全会通过《关于建国以来党的若干历史问题的决议》，2021 年 11 月党的十九届六中全会通过《中共中央关于党的百年奋斗重大成就和历史经验的决议》。这三个历史决议虽然诞生的历史背景、形成的现实条件和阐述的具体内容有所不同，但都以实事求是的原则总结了党的重大历史事件和重要经验教训，在重大历史关头统一了全党思想和行动，对推进党和人民事业发挥了重要引领作用。这三个历史决议贯通历史、现实和未来，深刻阐述了党团结带领人民争取民族独立、人民解放和实现国家富强、人民幸福以及开展强国建设、民族复兴的光辉历程，系统总结了党领导人民进行革命、建设、改革的历史经验，科学揭示了一百多年来中国共产党人对共产党执政规律、社会主义建设规律和人类社会发展规律的深刻认识。深入研究第三个历史决议，有助于我们牢牢掌握党和人民事业发展的历史主动，以党的重大成就和历史经验鼓舞斗志、凝聚力量、踔厉奋发、勇毅前行，以咬定青山不放松的执着、以一往无前的奋斗姿态接续夺取全面建设社会主义现代化强国的新胜利。

在党领导中国人民胜利实现第一个百年奋斗目标全面建成小康社会，踏上实现第二个百年奋斗目标新征程的重大历史关头，全面总结党的百年奋斗重大成就和历史经验，对推动全党进一步统一思想、统一意志、统一行动，团结带领全国各族人民夺取新时代中国特色社会主义新的伟大胜利，具有重大现实意义和深远历史意义。党的十九届六中全会通过的《中共中央关于党的百年奋斗重大成就和历史经验的决议》，是在建党百年历史条件下开启全面建设社会主义现代化国家新征程、在新时代坚持和发展中国特色社会主义的现实需要；是增强政治意识、大局意识、核心意识、看齐意识，坚定道路自信、理论自信、制度自信、文化自信，做到坚决维护习近平同志党中央的核心、全党的核心地位，坚决维护党中央权威和集中统一领导,确保全党步调一致向前进的政治需要;是推进党的自我革命、提高全党斗争本领和应对风险挑战能力、永葆党的生机活力、团结带领全国各族人民以中国式现代化全面推进中华民族伟大复兴而奋斗的时代需要。

回首党的一百多年的历程,正是在党的坚强领导下,中华民族才迎来了从站起来、富起来到强起来的伟大历史飞跃。党的十九届六中全会通过的《中共中央关于党的百年奋斗重大成就和历史经验的决议》,概括出来的具有根本性和长远性意义的十大历史经验,即坚持党的领导、坚持人民至上、坚持理论创新、坚持独立自主、坚持中国道路、坚持胸怀天下、坚持开拓创新、坚持敢于斗争、坚持统一战线、坚持自我革命,则充分反映了习近平总书记在党的二十大报告中所指出的:"实践告诉我们,中国共产党为什么能,中国特色社会主义为什么好,归根到底是马克思主义行,是中国化时代化的马克思主义行。"中国共产党历经一百多年,恰似风华正茂,仍然具有旺盛的生命力。世界充满好奇,时代充满追问。答案只有一个——坚定不移地坚持中国共产党的坚强领导。"党的百年奋斗历史经验丛书"正是立足于此,从基本史实、基本事实出发,全面阐释党的百年奋斗的十大历史经验,从政治、理论和思想等方面全面做出了回答。

加强对党的百年历史经验的研究,就是要深入研究党领导人民进行革命、建设、改革的一百多年的历史进程,全面总结党从胜利走向胜利的光辉历程,为国家、民族和人民建立的不朽功勋;深入研究党坚持把马克思主义基本原理同中国具体实际相结合、同中华优秀传统文化相结合,不断推进马克思主义中国化的一百多年的历史进程,全面深化对新时代党的创新理论的理解和运用;深入研究党不断增强党的团结、维护党中央权威和集中统一领导的一百多年的历史进程，深刻领悟加强党的政治建设这个马克思主义政党的鲜明特征和政治优势；深入研究党为"中国人民谋幸福、为中华民族谋复兴、为人类谋进步、为世界谋大同"的一百多年的历史进程，深刻认识党同人民生死相依、休戚与共的血肉联系，依靠人民创造历史伟业、创造历史伟业为了人民的阶级立场和推动世界社会主义运动发展、胸怀天下造福全人类的世界情怀；深入研究党加强自身建设、推进自我革命的一百多年历程，增强全面从严治党永远在路上的坚定和执着，确保党在新时代坚持和发展中国特色社会主义的历史进程中始终成为坚强领导核心；深入研究历史发展规律和大势，始终掌握新时代新征程党和国家事业发展的历史主动，增强锚定既定奋斗目标、意气风发走向未来的勇气和力量。

深入研究党的百年奋斗历程中形成的十大历史经验，要坚持科学的研究方法和原则要求。我们要坚持辩证唯物主义和历史唯物主义的方法论，用具体历史的、客观全面的、联系发展的观点来看待党的历史。要坚持正确党史观、树立大历史观，准确把握党的历史发展的主题主线、主流本质，正确对待党在前进道路上经历的失误和曲折，从成功中吸取经验，从失误中吸取教训，不断开辟走向胜利的新道路。要旗帜鲜明反对历史虚无主义，加强思想引导和理论辨析，澄清对党史上一些重大历史问题的模糊认识和片面理解，更好正本清源。尤其是，要坚持正确党史观和大历史观，立足于中华民族一百万年的人类史、一万年的文化史、五千多年的文明史，立足于五百余年的社会主义发展史、一百多年的中国共产党史、七十余年的中华人民共和国史、四十多年的改革开放史，从中华民族伟大复兴战略全局和世界百年未有之大变局出发，全面而准确地认清和把握新时代中国特色社会主义取得的历史性成就、发生的历史性变革。通过生动、深入、具体的纵横比较，把事实讲清楚，把道理讲明白，把理论讲透彻。

党的十九届六中全会通过的《中共中央关于党的百年奋斗重大成就和历史经验的决议》所总结的十条历史经验，是我们党百年奋斗中用鲜血和汗水凝练出来的理论结晶，既不是从哪本经典教科书上抄来的，也不是从哪个国家照搬来的，更不是在头脑中主观臆想出来的，而是系统完整、相互贯通的有机整体，揭示了党和人民事业不断成功的根本保证，揭示了党始终立于不败之地的力量源泉，揭示了党始终掌握历史主动的根本原因，揭示了党永葆先进性和纯洁性、始终走在时代前列的根本途径。这一历史决议深刻揭示了过去我们为什么能够成功、未来我们怎样才能继续成功，深刻阐述了中国共产党为什么能、中国特色社会主义为什么好、马克思主义以及中国化时代化的马克思主义为什么行，并进一步深刻回答了新时代坚持和发展什么样的中国特色社会主义、怎样坚持和发展中国特色社会主义，建设什么样的社会主义现代化强国、怎样建设社会主义现代化强国，建设什么样的长期执政的马克思主义政党、怎样建设长期执政的马克思主义政党等重大时代课题，是一篇闪耀着马克思主义真理光辉的纲领性文献，是新时代中国共产党人牢记初心使命、坚持和发展中国特色社会主义的政治宣言，是党领导广大人民以史为鉴、开创未来，全面建设社会主义现代化国家、全面推进中华民族伟大复兴的行动指南。

通过该丛书，我们可以清晰地看清楚过去我们党为什么能够成功、今天我们党如何成功，同时弄明白未来我们党怎样才能够继续成功，从而更加坚定、更加自觉地牢记初心、不忘使命，以更加宏大的气魄诠释胸怀天下。同时，在新时代更好坚持和发展中国特色社会主义，要不断坚持唯物史观和大历史观，以更加昂扬的姿态奋进新时代，逐梦新征程，踔厉奋发、勇毅前行、团结奋斗，全面建设社会主义现代化强国、全面推进中华民族伟大复兴。

全面建设社会主义现代化强国、全面推进中华民族伟大复兴，已进入了不可逆转的历史进程，我们比历史上任何时期都更接近、更有信心和能力实现这个目标。作为哲学社会科学工作者，我们要按照立足中国、借鉴国外，挖掘历史、把握当代，关怀人类、面向未来的思路，强化基础研究前瞻性、战略性、系统性布局，不断推进知识创新、理论创新、方法创新，以原创性、标识性的概念、话语、范畴、范式等深刻阐述党的百年奋斗历史经验生成的内在逻辑、内在机理。加快构建中国特色哲学社会科学学科体系、学术体系、话语体系，坚持用马克思主义及其中国化时代化的最新成果——习近平新时代中国特色社会主义思想观察时代、解读时代、引领时代，用鲜活丰富的当代中国实践来推动马克思主义发展，用宽广视野吸收人类创造的一切优秀文明成果，坚持在改革中守正出新、不断完善自己，在开放中博采众长、不断超越自己，不断深化对共产党执政规律、社会主义建设规律、人类社会发展规律的新认识，不断开辟马克思主义中国化时代化新境界！

目　录

第一章

马克思列宁主义在十月革命的炮声中传到中国

马克思主义诞生后，人类历史的发展进程焕然一新。马克思主义是我们立党立国、兴党强国的根本指导思想，也是中国共产党进行理论创新的理论原点。中国共产党所有的理论创新成果都离不开马克思主义，所以，从这个意义上说，理论创新从马克思主义的诞生说起就是一个必选项。

第一节　"共产主义的幽灵"在欧洲游荡——马克思主义的诞生

"一个幽灵，共产主义的幽灵，在欧洲游荡。"① 这是马克思、恩格斯在 1848 年 2 月发表的《共产党宣言》开篇的第一句话。正是这个"在欧洲游荡的共产主义幽灵"指引了马克思主义的光明前景，持续深刻地影响着世界格局的演进和人类历史的发展进程。

一、马克思主义诞生的社会历史条件

马克思主义的诞生有其自身的社会历史条件。社会环境方面，19世纪上半叶，随着工业革命的兴起，资本主义社会生产力大幅度提高，资本主义迅速发展，资本主义社会的基本矛盾和社会弊病日益显露。这个时期无产阶级同资产阶级之间的矛盾日渐尖锐，资本主义社会的周期性经济危机也日益显现。这为马克思主义的诞生形成了社会和经济基础条件。阶级矛盾方面，尖锐的阶级矛盾导致欧洲爆发了三大工人运动。法国里昂工人起义、英国宪章运动、德国西里西亚纺织工人起义，既展现了欧洲工人运动的风起云涌，又意味着无产阶级和资产阶级矛盾的尖锐性，标志着欧洲无产阶级的觉醒。理论发展方

---

① 《马克思恩格斯选集》第一卷，人民出版社 2012 版，第 399 页。

面，德国古典哲学、英国古典政治经济学以及以圣西门、傅立叶、欧文等人的理论为代表的空想社会主义，为马克思主义的诞生奠定了思想理论基础。综合这许多因素，《共产党宣言》的发表及马克思主义的诞生就成了历史的必然。

（一）工业技术的发展及阶级矛盾的激化

工业革命的兴起发轫于技术革命。"科学技术是第一生产力"①，历史和实践已证明了这一原理。早在工业革命初期，技术革命在带动工业革命的同时，也逐步改变着阶级关系和激化着阶级矛盾。

1765 年，英国兰开夏郡的普通织工哈格里夫斯发明了"珍妮纺纱机"。"珍妮纺纱机"的出现首先在棉纺织业引发了技术革新的连锁反应，揭开了工业革命的序幕，也撬动了资本主义快速发展的齿轮。大机器生产逐渐取代了传统的工厂手工业，生产力极大提高，资本主义在各国的统治地位得到巩固。资本主义表面的欣欣向荣，掩盖不住内部的暗流涌动。机器生产逐渐排斥手工劳动，使大批手工业者破产，工人工资下降，大批工人失业。无产阶级的队伍越来越大，广大无产阶级的就业和生存成了现实的难题。

19 世纪初，英国工人日益不满贫困的状况。由于无产阶级当时缺乏理论指导，不能够正确地认识到资本主义制度是他们贫困的根本原因，而是直观地感受到以机器为代表的生产技术影响了他们的收入和就业，导致了他们的贫困。于是无产阶级开始破坏机器、毁坏工厂，发泄自己的不满。伴随着资本主义的发展，无产阶级与资产阶级的矛

---

① 《邓小平文选》第三卷，人民出版社 1993 年版，第 274 页。

盾越来越尖锐，无产阶级的反抗也越来越激烈，无产阶级作为一支独立的政治力量登上了人类历史的舞台。

1831 年，法国里昂的工人走上街头，大声疾呼："不能劳动而生，毋宁战斗而死!"① 1836 年，英国无产阶级为获得普选权，开启了轰轰烈烈的宪章运动。1844 年，德国发生了西里西亚纺织工人起义，起义者以简陋的武器迎战前来镇压的包括骑兵和炮兵在内的政府军……一阵阵呐喊，一次次诉求，一场场运动，无产阶级不断发出自己声音的同时，也表明了资本主义社会阶级矛盾的尖锐和激化。但是，这时候的工人运动，还缺乏组织性和自觉性，更迫切需要科学理论的指导。

（二）空想社会主义者的设想及其实践活动

马克思主义使社会主义实现了从空想到科学的飞跃。在科学社会主义诞生前，空想社会主义已经有了长时间的发展过程，并在大范围内进行了传播，成为很多人心目中"社会主义"的代名词。

早在 1516 年，英国的托马斯·莫尔就曾用拉丁语写作出版了《乌托邦》一书。该书含蓄地批判了新生的资本主义生产关系，描写了资本主义生产关系给人民带来的痛苦。通过大量的描述和分析，莫尔的结论是：私有制是万恶的根源。

"乌托邦"指代"乌有之乡"，寄寓着莫尔要建立一个人人幸福的社会、充满理想主义的国家的美好愿望。按照莫尔的描述，在"乌托邦"里，实行财产公有制，实行按需分配，人们的经济、政治权利

---

① 《马克思恩格斯全集》第十六卷，人民出版社 1964 年版，第 427 页。

平等。莫尔认为："如不彻底废除私有制，产品不可能公平分配，人类不可能获得幸福。私有制存在一天，人类中绝大的一部分也是最优秀的一部分将始终背上沉重而甩不掉的贫困灾难担子。"① 在社会主义发展史上，莫尔首次提出要废除私有制，建立公有制。在莫尔提出这一想法后，围绕废除私有制、建立公有制这个主题，马克思主义的创立者和后继者进行了诸多理论创新和实践探索。今天，中国共产党倡导和践行的"共同富裕"理论可以看作是这一问题在 21 世纪的延续和发展。

由于 16 世纪正处于资本原始积累的时期，对血淋淋的原始资本积累深有感触的莫尔，在书中以生动的笔触描写了圈地运动。他写道，你们的羊"一向是那么驯服，那么容易喂饱，据说现在变得很贪婪、很凶蛮，以至于吃人，并把你们的田地，家园和城市蹂躏成废墟"②。莫尔的名篇对后世影响巨大。后来，在资本主义社会"羊吃人"的名言成了许多民歌经常引用的佳句，并且一直是叙述资本主义原始积累野蛮方法所常运用的生动素材。

马克思在论证资本原始积累的血泪史时，多次以托马斯·莫尔"羊吃人"的观点为论据，揭露资本原始积累的罪恶，也就是人们耳熟能详的那句"资本来到世间，每个毛孔都滴着血和肮脏的东西"③。《资本论》第一卷第二十四章"所谓原始积累"中，马克思在脚注193 写道："托马斯·莫尔在他的《乌托邦》一书中谈到一个奇怪的国家，在那里，'羊吃人'。"④ 虽然，废除私有制、主张公平等思想

---

① [英]托马斯·莫尔：《乌托邦》，戴镏龄译，商务印书馆 2009 年版，第 44 页。
② [英]托马斯·莫尔：《乌托邦》，戴镏龄译，商务印书馆 2009 年版，第 20 页。
③《马克思恩格斯全集》第四十三卷，人民出版社 2016 年版，第 824 页。
④《马克思恩格斯文集》第五卷，人民出版社 2009 年版，第 827 页。

火花在科学社会主义理论的创立过程中发挥了直接或间接的影响，但是，莫尔的乌托邦终究是一个空想而已。处于那个时代的莫尔只是依据资本发育给社会带来的剧痛构建了一个想象中的"空中楼阁"，没有理解资本主义的历史地位，也无法指出实现理想制度的现实途径。

19世纪三四十年代，由于英国的工业革命在欧洲大陆迅速发展起来，资本主义制度的弊端日益暴露，这时期空想社会主义者将批判的矛头直指资本主义的社会制度、政治制度和道德观念等。以法国的圣西门、傅立叶和英国的欧文为代表的空想社会主义者，对未来的理想社会提出了许多美妙的天才设想，企图建立"人人平等，个个幸福"的新社会。

空想社会主义者著名代表人物欧文，对空想社会主义既进行了思想理论论述，又围绕自己的设想开展了社会实践活动。为了验证自己改造社会的计划，欧文进行过一些有意义的尝试。起初，欧文在自己工厂里进行改革社会不合理状况的试验，他缩短工时，禁用童工，不断改善工人的劳动和生活条件，努力降低工人消费支出，通过办学校等方式照顾工人子女等，取得了较为理想的效果。因此，欧文继续开展更大规模的建立理想社会的实验。

1824年，欧文变卖了在英国的所有资产，前往美国印第安纳州购买了3万英亩土地，进行共产主义新村实验。该实验有1000多人参加，引起了美国和西欧社会的广泛关注。欧文的共产主义新村犹如"世外桃源"，实行生产资料公共占有、权利平等、民主管理等原则。但是，后来由于消费逐渐超过了生产，加上缺乏管理经验等因素，新村实验的可持续性受到严峻挑战。再后来，欧文的钱财被消耗殆尽，共产主义新村实验以失败而告终。

站在今天的视角回望这段历史，我们可以很容易地判断，欧文的想法很难在资本主义的汪洋大海中获得生存的土壤，他的实验注定会失败。虽然共产主义新村实验最终失败了，但是，以欧文为代表的空想社会主义者们依然在资本主义统治下进行了一些建立理想社会的有意义的尝试。空想社会主义者们的思想及其尝试，对后来科学社会主义理论的产生奠定了思想基础。

（三）马克思、恩格斯早期的革命理论活动

马克思、恩格斯两位伟大的革命理论导师，在青年时代就通过理论研究诠释了他们对无产阶级及工人群众的阶级感情。19世纪三四十年代，马克思、恩格斯密切关注着社会底层人民大众的生存状况和工人运动的发展动向。

1842年，马克思博士毕业后进入科隆《莱茵报》从事编辑工作。走出"象牙塔"，马克思开始大量接触社会现实，开始了解农民等贫困者真实的生活状况。电影《青年马克思》开头的画面是警察使用马刀、斧钺或大棒驱散衣衫褴褛的枯木采集者，但这不是电影虚构的情节，而是发生在19世纪德国的真实事件。

19世纪30年代，工业革命的浪潮席卷德国，德国工业化的进程就此开启。作为工业发展必不可少的原材料，木材交易量因为工业的快速发展而激增，林木所有者因此获取了高额利益。而在德国，穷苦的底层群众收集枯木去取暖是社会约定俗成的习惯，这一行为显然使木材所有者的利益受到损失。为了保护自己的利益，木材所有者利用自己在议会和政府里的代表身份，利用立法手段保护自己的利益，判定在私有树林里捡拾枯木是盗窃的违法行为。

面对如此荒诞的法令，马克思以笔为武器，毅然加入为穷苦民众争取利益的角斗场。对于马克思来说，这是个不折不扣的新挑战，为了弄清问题所在，他毅然从政治学、法学思想领域的研究转向了经济学领域的研究。

与此同时，恩格斯正在英吉利海峡对岸的英国一家叫作"欧门－恩格斯"的纺织工厂实习。他在英国进行了广泛而深入的调查，访问工人家庭，并去伦敦、利物浦等工业中心实地考察，搜集了大量关于英国工人生活条件、政治态度和斗争情况等第一手材料。① 恩格斯将在英国的所闻所见所想写成了《政治经济学批判大纲》和《英国工人阶级状况》，并向《德法年鉴》投稿。马克思收到恩格斯的来稿后，立刻感受到了恩格斯的才华横溢和与众不同，特别是恩格斯的许多观点与自己不谋而合，于是当即决定录用恩格斯的这两篇文章。马克思把自己的两篇文章《〈黑格尔法哲学批判〉导言》和《论犹太人问题》，与恩格斯的这两篇文章，在《德法年鉴》创刊号上一起刊登了出来。不久，马克思便向恩格斯发出了邀请，请他到巴黎家中做客。马克思、恩格斯在最初的交往中就一拍即合，缔结下深厚的革命友谊，共同为革命理想而奋斗。

在恩格斯长期的、无私的支持和帮助下，马克思全身心投入研究和写作中。在后来的研究中，马克思在整个世界史观上实现了变革，彻底弄清了资本和劳动的关系，使社会主义摆脱了乌托邦式的空想，找到了成为现实的基础，成为科学社会主义。

----

① 参见郭海龙、徐红霞：《火种：马克思、恩格斯与〈共产党宣言〉》，《传记文学》2020 年第 7 期。

二、《共产党宣言》的发表及马克思主义的诞生

1848 年 2 月，《共产党宣言》发表，这是马克思主义诞生的标志。《共产党宣言》是科学社会主义运动和国际共产主义运动的纲领性文献，照亮了世界社会主义运动的光明前景。

1847 年 1 月，马克思、恩格斯接到了正义者同盟的邀请。正义者同盟希望他们加入，帮助正义者同盟进行改组。6 月，正义者同盟大会在伦敦召开，大会决定把同盟的名称改为"共产主义者同盟"。11 月底，共产主义者同盟第二次会议在伦敦召开。大会结束后，马克思、恩格斯被授予一项重要任务：为共产主义者同盟起草一个正式纲领。1848 年 1 月，马克思、恩格斯用德文写成的《共产党宣言》完成。1848 年 2 月，《共产党宣言》在伦敦一家印刷所印刷出版。

《共产党宣言》系统地阐述了科学社会主义基本原理，揭示了资本主义必然灭亡、社会主义必然胜利的客观规律，发出了"全世界无产者，联合起来！"的号召，标志着马克思主义的诞生。从此，广大无产阶级掌握了强大的思想理论武器，国际共产主义运动和世界社会主义运动迈上了新征程，无产阶级和全人类叩开了通向科学社会主义未来的大门，人类解放事业和人的全面发展迎来了新的曙光。170 多年来，在马克思主义指导无产阶级的解放事业不断取得重大胜利的同时，马克思主义本身也随着社会实践以及科学技术的发展而不断向前发展，不断结合新的实践和具体实际进行理论创新。理论创新是马克思主义生命力的源头活水。

三、　马克思主义基本原理与 "两个结合"

马克思主义揭示了自然界、人类社会和人类思维发展的普遍规律，是马克思主义科学体系基本立场、基本观点和基本方法的理论表达。站在辩证唯物主义和历史唯物主义立场上看，马克思主义是由马克思、恩格斯创立，后经不同民族、不同国家、不同时代的马克思主义者不断进行丰富、发展和完善的理论。马克思、恩格斯创立的基本原理构成了马克思主义理论的核心内容，其中唯物史观和剩余价值学说是马克思主义理论大厦的两大基石。

唯物史观认为，生产力和生产关系的矛盾是人类社会发展的根本动力，所有的社会变革都可以追根溯源到生产方式的变迁。因此，社会主义取代资本主义不仅是解决资本主义社会症结的根本手段，更是社会生产力发展的客观需要。在客观之外，唯物史观发现了推动这种客观需要的主观力量，那就是人民群众是历史发展的动力，历史从根本上说是人民群众的历史，人民群众是社会变革的主力军和推动力量，是改造旧世界和建设新世界的主体。客观需要与主观力量相结合，使社会主义代替资本主义成为不可抗拒的历史潮流。

剩余价值学说扯下了资本主义生产方式的 "遮羞布"，使资本主义的剥削本质赤裸裸地暴露在大众面前，从经济关系和阶级关系中揭示了资本主义必然灭亡的原因。它指明了无产阶级与资产阶级矛盾对立的经济根源，从工厂、贫民窟等被当时主流社会遗忘的角落里，找到了推翻资本主义、实现社会主义这一伟大历史使命的承担者。从此，科学社会主义理论有了系统的政治经济学理论作为支撑，社会主义从空想成为科学。

马克思主义是由一系列的基本理论、基本观点和基本方法构成的科学体系，是我们立党立国、兴党强国的根本指导思想，是理论创新的根本遵循。理论发展和理论创新需要奠基在马克思主义基本原理的基础上，要坚持解放思想、实事求是的基本原则。在理论创新中，我们经常说的一个词就是"守正创新"，"守正"一是指要坚守马克思主义的基本原理和基本原则，二是指要坚持马克思主义理论和马克思主义中国化的一系列理论创新成果。正如党的二十大报告所指出："守正才能不迷失方向、不犯颠覆性错误，创新才能把握时代、引领时代。"①

习近平总书记在庆祝中国共产党成立 100 周年大会上的重要讲话中提出"两个结合"，即"坚持把马克思主义基本原理同中国具体实际相结合、同中华优秀传统文化相结合"②。党的十九届六中全会通过的《中共中央关于党的百年奋斗重大成就和历史经验的决议》再次重申了"两个结合"。其中，"马克思主义基本原理"是"两个结合"的理论原点和价值基点，在"两个结合"中占据重要地位。"两个结合"是马克思主义理论创新发展的重要方法论，是党的理论创新的重要路径及方法，要在坚持"两个结合"的基础上不断推进和加强党的理论创新。习近平总书记强调："只有把马克思主义基本原理同中国具体实际相结合、同中华优秀传统文化相结合，坚持运用辩证唯物主义和历史唯物主义，才能正确回答时代和实践提出的重大问题，才能始终保持马克思主义的蓬勃生机和旺盛活力。"③

———————

① 习近平：《高举中国特色社会主义伟大旗帜　为全面建设社会主义现代化国家而团结奋斗》，人民出版社 2022 年版，第 20 页。

② 习近平：《在庆祝中国共产党成立 100 周年大会上的讲话》，人民出版社 2021 年版，第 13 页。

③ 习近平：《高举中国特色社会主义伟大旗帜　为全面建设社会主义现代化国家而团结奋斗》，人民出版社 2022 年版，第 17 页。

第二节　十月革命与列宁主义——马克思主义与俄国革命相结合

马克思主义诞生以后，它所独具的真理性光芒使它冲破地域的限制，传播到世界上需要它的地方。在传播的过程中，各国根据自身情况对马克思主义进行了与自身实际相结合以及符合自身情况的理论创新，列宁主义就是其中的优秀而典型的代表。

一、马克思主义传入俄国

马克思主义自 19 世纪 40 年代创立以来，就开始在欧洲各国传播和发展。刚刚创立时，马克思主义便表现出与其他流派和思潮不同的特质，展现出真理的光芒。随着国际工人运动的深入发展，马克思主义同工人运动中的各种理论流派和理论思潮反复较量，特别是在经历了 1871 年巴黎公社革命的洗礼之后，马克思主义逐渐为工人运动所接受，成为工人运动中占据主导地位的思想理论。

俄国是一个极具特殊性的国家，鉴于俄国相对落后的资本主义发展状况和相对僻远的地理位置，马克思主义在俄国的传播和发展略晚于西欧各国。但是，由于整个世界经济政治形势的变化，加上俄国革命在整个国际共产主义运动中所处的地位和所获得的成就，俄国成为

20世纪上半叶马克思主义思想理论传播和发展的主要阵地。①

　　1861年，为缓和日益尖锐的阶级矛盾，适应俄国资本主义生产关系的发展，沙皇政府自上而下实行了农奴制改革。当时，沙皇俄国已经呈现出日薄西山之势，对社会发展来说是巨大的障碍；与此同时，西欧的资本主义虽然表面上欣欣向荣，但内部的许多问题也逐渐显露。正是在这样的大环境下，俄国民粹主义思潮的先驱们开始寻求救国之道。他们主张推翻沙皇专制统治和彻底消灭农奴制残余，要求废除地主土地私有制并遏制俄国资本主义的发展。到19世纪末20世纪初，随着马克思主义在俄国广泛传播开来，民粹主义思潮逐渐衰弱。民粹主义彻底破产后，部分民粹主义者幡然醒悟，开始抛弃民粹主义，转而投向马克思主义的怀抱。

　　普列汉诺夫是抛弃民粹主义、接受马克思主义的群体中的杰出代表，被誉为"俄国马克思主义之父"。他不仅对民粹主义做了广泛的批判，而且使马克思主义在俄国的知识界取得支配地位，为马克思主义在俄国的传播做出了巨大贡献。1880年1月，普列汉诺夫流亡国外，逐渐脱离民粹派。同年年底，普列汉诺夫在巴黎结识了茹尔·盖得、卡尔·考茨基、威廉·李卜克内西、爱德华·伯恩施坦等人，开始全面学习马克思主义。1881年底，普列汉诺夫用俄文翻译了《共产党宣言》。普列汉诺夫通过钻研和翻译马克思主义重要文献，逐渐认同和接受了马克思主义。1882年，普列汉诺夫收到马克思和恩格斯为俄文版所写的序言后，立即把俄文版《共产党宣言》印发了。他的一些著作曾受到恩格斯的称赞和列宁的推崇。普列汉诺夫通过研究和

---

　　① 参见黄楠森、商英伟主编：《马克思主义哲学史（第四卷）：马克思主义哲学在俄国的传播和发展》，北京出版社1993年版，第1页。

宣传马克思主义，再到后来信奉马克思主义，变成一个马克思主义者，为马克思主义在俄国的传播做出了贡献。

1883 年，普列汉诺夫与其他志同道合的同志创立了劳动解放社，这是俄国第一个马克思主义团体。劳动解放社把马克思、恩格斯的许多著作都翻译成了俄文，并进行了出版发行。普列汉诺夫及其同志们大力宣扬马克思主义，影响了一代俄国工人，促进了马克思主义与俄国工人运动的结合，为俄国无产阶级政党的创立奠定了坚实的群众基础。普列汉诺夫领导的劳动解放社成为 19 世纪晚期俄国马克思主义的领导中心。

作为后起的资本主义国家，俄国保留了许多封建关系残余，国内民族矛盾也异常尖锐，同时沙皇政权推行对外侵略政策，各种各样的国际国内矛盾在俄国集中凸显，特殊的国际国内环境注定了马克思主义在俄国的广泛传播一定不是一个一帆风顺的过程。正是在这种特定氛围下，伟大的马克思主义者列宁成长起来了。

二、　列宁与列宁主义

1870 年 4 月 22 日，列宁出生于俄国伏尔加河畔的一个平民知识分子家庭。列宁本来的名字是弗拉基米尔·伊里奇·乌里扬诺夫，由于当时革命事业保守秘密的实际需要，他在长期革命过程中使用过许多化名，"列宁"是他被流放到西伯利亚时使用的化名，后来成为他最喜欢的名字，便一直沿用。列宁诞生于自由资本主义向金融垄断资本主义转变的年代，在这个历史时期，各种新旧修正主义粉墨登场，第二国际蜕化变色。在与新旧修正主义斗争的革命历程中，列宁始终保持着高度的革命热情，坚决捍卫马克思主义，并将马克思主义与俄国革命的具体实际相结合，创立了列宁主义，创造性地探索出一条将马克思主义民族化的崭新道路，开创了马克思主义理论创新工作，展现了马克思主义强大的生命力。

1888 年，列宁加入费多谢耶夫组织的马克思主义小组，开始系统研究马克思、恩格斯的著作，成为马克思主义者，积极开展马克思主义学习和宣传活动。1895 年，列宁成立彼得堡工人阶级解放斗争协会，第一次在俄国实现了马克思主义和工人运动的结合。1897 年 5 月，列宁因参加革命活动被流放到西伯利亚。在被流放地，列宁完成了《俄国资本主义的发展》这部重要著作。该书创造性地运用马克思主义政治经济学研究俄国社会经济问题，指出依靠工人阶级和农民群众对俄国进行社会主义改造是俄国革命的唯一出路。

在工人运动的推动下，彼得堡、莫斯科、基辅等地的工人阶级解放斗争协会代表于 1898 年 3 月在明斯克秘密举行会议，宣告俄国社会民主工党成立。但是这次会议没有制定党纲、党章，会议选出的中央委员会成员不久也被沙皇政府全部逮捕，也就是说，这次大会并没有真正建立起俄国的工人政党。

为了建立一个以马克思主义为指导思想的新型无产阶级政党，1900 年 7 月，列宁将建党活动的中心转移到国外，并于同年 12 月在莱比锡创办全俄秘密政治报纸《火星报》，进行建党的宣传和组织工作。1903 年 7 月 30 日，俄国社会民主工党在布鲁塞尔召开代表大会，会上形成了以列宁为核心的布尔什维克（俄语"多数派"的音译）。

第一次世界大战爆发后，批判修正主义和机会主义、捍卫和发展马克思主义成为列宁的主要工作。为此，他开展了广泛的创造性的理论研究工作，将马克思主义理论创新工作推进到一个新阶段。1915 年 8 月，列宁经过大量深入细致的研究和分析，完成了《论欧洲联邦口号》一文。该文根据帝国主义国家经济以及政治发展不平衡这样一个规律，第一次提出和阐明了"社会主义可能首先在少数甚至在单独一个资本主义国家内获得胜利"[①] 的思想，这是列宁对社会主义革命理论划时代的原创性贡献。1916 年，列宁撰写了《帝国主义是资本主义的最高阶段》一书，全面分析了帝国主义的本质、特征和基本矛盾，揭示了它产生、发展和灭亡的客观规律，提出帝国主义是资本主义的最高阶段，是垄断的、腐朽的、垂死的资本主义，是无产阶级社会革命前夜的重要论断。1917 年，"七月流血"事件爆发后，列宁被迫匿居在拉兹里夫湖畔的一座草棚里。在这个"绿色办公室"里，列宁写出了《国家与革命》，系统阐述了马克思主义国家学说、无产阶级革命和无产阶级专政理论，是一部关于马克思主义国家学说的光辉著作。它对于十月革命的胜利和第一个无产阶级专政国家的建立起到了重要的理论指导作用。

1917 年 11 月（俄历 10 月），俄国"十月革命"爆发了。拥护布尔什维克的工人、士兵和水兵占领了临时政府所在地冬宫，俄国临时政府被推翻，世界上第一个社会主义国家由此诞生。

十月革命胜利后，在经济文化落后的俄国建设社会主义成为苏维埃政权最紧迫的任务。从十月革命到列宁去世六年多的时间里，列宁对如何建设社会主义进行了多方面的思考和探索，带领俄国人民为捍卫和巩固苏维埃政权进行了艰苦的斗争。列宁从俄国现实的政治和经

---

①《列宁全集》第二十六卷，人民出版社 2017 年版，第 367 页。

济状况出发，将工作重心逐渐从夺取政权、政治斗争转移到经济文化建设上来。他领导经济建设经历了从"战时共产主义"到新经济政策的转变，提出必须利用和发展商品经济，必须利用资本主义文明成果建设社会主义。他提出建设民主制度、改革干部制度、完善检查监督制度、加强法制建设，等等。据统计，在不到七年时间里，列宁亲自起草、修改了一百多项重要法律和法令，领导制定和签署了数以千计的法律、法令、条例和决议。[①] 1922 年底，列宁的身体状况不允许他继续高强度地工作，但是他仍然以口授的方式，对党的建设、民族关系、经济文化建设等问题提出了许多精辟的见解。列宁对在经济文化相对落后的俄国如何建设社会主义进行了创造性探索，并在一系列论著中，从理论和实践角度做了系统阐述，丰富和发展了科学社会主义理论以及马克思主义理论。

总的来说，列宁以无产阶级革命家和理论家的非凡气魄和卓越才能，顶住国际共产主义运动中反马克思主义的逆流，深刻地把握时代变化的本质，科学地分析了资本主义时代的新变化和工人运动的新情况，从理论与实践的结合上，有力地批判了各种反马克思主义思潮和机会主义流派的观点[②]，正确地坚持和创造性地发展了马克思主义的理论体系，把马克思主义基本原理同俄国的具体实际结合起来，成功探索出适合俄国国情的革命道路，在经济文化落后国家如何巩固和建设社会主义的议题上做出了有益尝试，创立了列宁主义。列宁主义是马克思主义在帝国主义和无产阶级革命时代的新发展和新成果，开辟了马克思主义民族化的道路，实现了对马克思主义的理论创新和创造

---

① 参见姜辉：《列宁对社会主义道路和建设的探索及其启示》，《马克思主义与现实》2020 年第 5 期。

② 参见顾海良：《列宁对马克思主义政治经济学的重要贡献》，《马克思主义与现实》2020 年第 5 期。

性发展，对马克思主义做出了许多原创性贡献。

列宁主义正是在对马克思主义进行发展和创新中创立形成的，并指导俄国十月革命取得了胜利，顺利展开了社会主义建设。十月革命的胜利是国际共产主义运动以及世界社会主义运动在人类历史上获得的首次胜利，从此，马克思列宁主义在世界上尤其是在中国产生了极大的影响，整个人类历史的进程进入了新的纪元。

三、 马克思对东方发展道路的设想

虽然马克思主义的诞生和发展建立于西欧资本主义快速发展的社会基础和背景之下，但是马克思也曾关注东方经济文化相对落后的国家，探讨其发展中存在的不同于西欧的发展社会主义的可能性。

（一）俄国向哪里去？

1872 年，《资本论》的第一个外文译本俄文版出版，在俄国引起强烈反响。最初，有些人担心沙皇独裁的出版审查可能会阻碍该书的发行，但是审查机构认为该书晦涩难懂，所以得出了很少人愿意阅读的结论。实际上，该书俄文版的销量超过了其他任何版本。

1861 年，俄国实行了农奴制改革。但随着资本主义的发展，俄国以公有制为基础的农村公社日渐式微。站在命运的转折点上，俄国国内就农村公社的未来走向展开了一次关于俄国走向何方的大争论。双方均以《资本论》为理论武器，互相抨击。这次论战大致可以分成两派：一派坚持"直接走向社会主义"。他们认为，按照《资本论》，农村公社未必就会消失，俄国可以通过改造和发展农村公社这种最初

的公有制形态，使之成为走入社会主义的捷径。另一派坚持"必须走上资本主义的发展道路"。他们认为，马克思在《资本论》中清楚地指出，农村公社一定会毁灭，而俄国也会走上西欧的老路，即走上资本主义发展道路。

（二）马克思给《祖国纪事》杂志编辑部的回信

1877 年 10 月，《祖国纪事》登载了俄国民粹派思想家尼·康·米海洛夫斯基的《卡尔·马克思在尤·茹柯夫斯基先生的法庭上》。该文错误地解读了《资本论》，认为按照马克思的相关论述，俄国农村社会必然被毁灭，走向资本主义。看到这篇文章后，马克思立刻给《祖国纪事》杂志编辑部写了一封信，他在信中批驳了米海洛夫斯基的观点："他一定要把我关于西欧资本主义起源的历史概述彻底变成一般发展道路的历史哲学理论，一切民族，不管他们所处的历史环境如何，都注定要走这条道路，——以便最后都达到在保证社会劳动生产力极高度发展的同时又保证每个生产者个人最全面的发展的这样一种经济形态。但是我要请他原谅。（他这样做，会给我过多的荣誉，同时也会给我过多的侮辱。）"① 马克思既否定了俄国人这种引经据典、照搬教条地解读马克思主义的做法，也否定了不同国家和民族都要经历资本主义历史必然性的说法。

（三）马克思给查苏利奇的复信

给《祖国纪事》杂志编辑部写信之后，马克思在与查苏利奇的通

① 《马克思恩格斯选集》第三卷，人民出版社 2012 年版，第 730 页。

信中进一步阐述了关于东方经济文化相对落后大国发展道路的看法。

1881 年 2 月，俄国一位名叫查苏利奇的女革命家给马克思来信，想要听听马克思关于"俄国向哪里去"问题的想法。对于查苏利奇的来信，马克思非常重视，打了四份草稿后才正式给查苏利奇回信。其中，马克思在第一份草稿中进行了完整翔实的论述。信中，马克思具体分析了俄国完全不同于西欧的历史条件，探讨了使俄国"能够不通过资本主义制度的卡夫丁峡谷，而占有资本主义制度所创造的一切积极的成果"①的可能性。

马克思提到的"卡夫丁峡谷"是什么？"卡夫丁峡谷"典故出自古罗马史。公元前 321 年，萨姆尼特人在古罗马卡夫丁峡谷击败罗马军队，并用长枪做成一个类似于城门形状的"牛轭"，逼迫罗马战俘穿过这个"牛轭"，以此达到羞辱罗马人的目的。马克思借用"卡夫丁峡谷"形象地比喻资本主义发展给社会带来的巨大痛苦。在这里，马克思充分表达了希望相对落后的东方国家能走出一条让大多数人不经历资本主义灾难的坦途的愿望，并探讨了这种想法的可行性。在那个时期，俄国的农村公社有其自身的特点。在公社内部，住宅和附带的花园、菜圃属于农民私人所有，而耕地则属于公共所有。由此，马克思得出结论：俄国农村公社的"构成形式只能有两种选择：或者是它所包含的私有制因素战胜集体因素，或者是后者战胜前者"②。至于最终走向哪一种结局，马克思说："一切都取决于它所处的历史环境。"③ 所以，马克思在他最后一版的复信里，也没有断言俄国一定能

①《马克思恩格斯选集》第三卷，人民出版社 2012 年版，第 830 页。
②《马克思恩格斯选集》第三卷，人民出版社 2012 年版，第 824 页。
③《马克思恩格斯选集》第三卷，人民出版社 2012 年版，第 824 页。

够跨越"卡夫丁峡谷"。由于东方国家具有实行公有制的历史传统，马克思提出了另一种可能，即跨越资本主义发展阶段。但是，对于过去基于西欧国家的实际状况而得出的革命结论是否具有普适性；对于东方社会是否可以跨越"卡夫丁峡谷"，马克思都只停留于探讨的阶段，并没有给出肯定的结论。正是列宁接过马克思、恩格斯递过的理论创新接力棒，在坚持马克思主义的基础上，结合俄国具体实际，对马克思主义理论进行了创新发展，提出并践行了"社会主义可能首先在少数甚至在单独一个资本主义国家内获得胜利"① 的理论，领导俄国工人阶级取得了十月革命的胜利，建立了世界上第一个社会主义政权，开辟了人类历史的新纪元。

　　理论创新是马克思主义发展的主题。理论的发展涉及历史进程和实践逻辑的碰撞，现实的实践却是多方作用、历史合力的结果。马克思主义经由普列汉诺夫、列宁等人的努力，经过艰苦卓绝的斗争，在俄国广泛传播开来。俄国作为帝国主义链条的薄弱环节最终被击破，列宁通过创新发展马克思主义创立了列宁主义，领导十月革命取得成功，使俄国成为世界上第一个社会主义国家，不仅改变了俄国历史的发展方向，也在很大程度上改变了人类历史的发展进程，对整个人类历史进程的发展产生了极大的影响。

①《列宁全集》第二十六卷，人民出版社 2017 年版，第 367 页。

第三节　忽如一夜春风来——马克思主义
传入中国

马克思主义的广泛传播、俄国十月革命的胜利以及苏联社会主义建设的开展，使马克思主义在全世界如雨后春笋般散布开来。十月革命建立了世界上第一个社会主义国家，开启了世界无产阶级革命新时代，无产阶级和殖民地、半殖民地人民都将俄国十月革命视为寻求胜利的生动范例。其中，受到影响最深远的当数当时处于水深火热、苦苦探求救国救民道路的中国。受十月革命胜利的影响，马克思主义传入中国，中国共产党人开始在马克思主义理论创新发展史上书写下浓墨重彩的华章。

一、亟须"良方"的中国

1840 年以后，西方列强逐步加紧对中国的侵略步伐，同时，以晚清政府为代表的封建统治势力日益腐败，中国社会逐渐成为半殖民地半封建社会。这个时期，正如习近平总书记 2021 年 7 月 1 日在庆祝中国共产党成立 100 周年大会上的讲话中所指出的，就是"国家蒙辱、人民蒙难、文明蒙尘，中华民族遭受了前所未有的劫难"。面对空前严重的民族危机，无数仁人志士奔走呼号，以期拯救黎民苍生于水火，挽狂澜于既倒，扶大厦于将倾，救民族于危难。

各种救国方案轮番出台，但都因为缺少科学理论的指导，最终以失败而告终。开始于广西金田的太平军，势如破竹，高歌猛进，一度占领江南重镇江宁（今南京），农民战争达到新高度，但仅维持了十四年，最终在内外镇压中归于失败。晚清洋务派为挽救清朝统治，打着"自强""求富"口号进行的自救运动，在"中体西用"思想的指导下，只学到了西方工业的皮毛，最终依然败于资本主义的坚船利炮之下。不甘心当亡国之君的光绪帝，企图用雪片般的诏令自上而下推动一场几年内就能强国的变法，却被慈禧太后囚禁在西苑瀛台，"戊戌六君子"也惨遭喋血之灾。凭借朴素的爱国主义情感自发而起的义和团，从"扶清灭洋"到"扫清灭洋"，在国内外敌人的夹击中走向败亡。孙中山先生领导的辛亥革命实际上仅仅结束了在中国延续两千多年的君主专制制度，既没能改变中国当时的半殖民地半封建的社会性质，也不可能改变旧中国广大劳动人民任人宰割的"蒙难"命运。

各种救国方案纷纷破产，中国迫切需要新的思想引领救亡运动。"十月革命一声炮响，给中国送来了马克思列宁主义。"[1] 十月革命帮助中国的先进分子，用无产阶级的世界观作为观察世界、关照国家命运的工具，重新思考中国的前途命运。"走俄国人的路"，成为当时中国先进分子开出的一剂救国良方。

二、 十月革命消息的传播

伴随十月革命的隆隆炮声，马克思主义传入中国，近代中国的历史进程和走向发生了彻底的改变。而将俄国发生十月革命的消息传递

---

[1]《中共中央关于党的百年奋斗重大成就和历史经验的决议》，人民出版社 2021 年版，第 4 页。

到中国的第一人是时任驻俄全权公使的刘镜人。

十月革命还未开始前，时任驻俄全权公使的刘镜人已经预知这场革命的发生。他在发给北洋政府外交部的电报中说："近俄内争益烈，广义派（指布尔什维克）势力益张，要求操政权，主和议，并以暴动相挟制。政府力弱，镇压为难，恐变在旦夕。"当"阿芙乐尔"号巡洋舰向冬宫开炮，十月革命爆发后刘镜人向北洋政府详细电告革命消息："广义派联合兵、工反抗政府……昨已起事，夺国库，占车站……现城内各机关尽归革党掌握，民间尚无骚扰情事。"尽管这些电文因电信中断，迟至20天后才到达北洋政府外交部的手中，但不可否认的是，刘镜人的确在得知消息后的第一时间就将消息向国内传递。但是，北洋政府当局追随协约国集团的决定，不承认刚刚建立起来的苏维埃政权。1918年2月26日，受北洋政府命令，刘镜人从彼得格勒撤离，终止了他在俄的外交工作。[①]

中国政府通过驻俄公使发回的电报，大致掌握了俄国政治形势的变动。但是，可以知道电报内容的毕竟还是少数官员。大多数民众获取十月革命的消息，主要还是通过《民国日报》《申报》《晨钟报》以及其他报纸、杂志。1917年11月10日，国民党在上海的《民国日报》，以"突如其来之俄国大政变，临时政府已推翻"为题，简单地报道了俄国十月革命的情况。12月6日，长沙《大公报》更详细地介绍了俄国十月革命。领导十月革命取得胜利的列宁也慢慢走入中国大众的视野。12月28日，《广东中华日报》刊登了《李宁（列宁）取得胜利的原因》一文。《劳动》杂志还刊载了《俄罗斯社会革命之先锋李宁（列宁）事略》。当时中国报刊关于十月革命的报道，是零

---

① 参见石建国：《刘镜人：最早将"十月革命"消息传递国内》，《世界知识》2010年第12期。

星的、不系统的、断断续续的，中国社会各界对十月革命的认识也较为模糊。①

三、 先进分子的选择

十月革命是马克思主义与俄国革命相结合的产物，其成功的背后有深刻的理论支撑。中国先进分子是当时中国社会中最先对十月革命进行理论思考、最先关注十月革命背后的马克思主义、最先思考俄国道路对中国革命适用性的社会群体。当时，中国人学习西方屡次失败的现实，早已使中国先进分子对西方资产阶级共和国方案产生怀疑，加上第一次世界大战以极端形式暴露了资本主义制度不可克服的矛盾，中国先进分子迫切需要寻找可以解决中国问题的其他出路。这时，俄国十月革命的胜利使中国先进分子真切感受到马克思主义的真理力量，真切感受到社会主义的现实力量，真切感受到以工人阶级为主体的广大人民的伟大力量。他们开始倾向于社会主义，目光也聚焦于指导十月革命取得胜利的马克思列宁主义理论。

李大钊是在中国举起马克思主义大旗的第一人。1918 年 7 月 1 日，李大钊在《言治》杂志发表了《法俄革命之比较观》一文，这是中国最早的一篇欢呼俄国十月社会主义革命伟大胜利的文章。李大钊认为俄国事件是一场真正的政治和社会革命，他热情地赞扬道："吾人对于俄罗斯今日之事变，惟有翘首以迎其世界的新文明之曙光，倾耳以迎其建于自由、人道上之新俄罗斯之消息，而求所以适应此世

---

① 参见李友唐：《十月革命的炮响是怎样传到中国的？》，《党史博采》2007 年第 10 期。

界的新潮流，勿徒以其目前一时之乱象遂遽为之抱悲观也。"[1] 1918年11月15日，李大钊在《新青年》上发表了《布尔什维主义的胜利》。在这篇文章里，他认为："这件功业，与其说是威尔逊（Wilson）等的功业，毋宁说是列宁（Lenin）、陀罗慈基（Trotsky）、郭冷苔（Collontay）[2] 的功业；是列卜涅西（Liebknecht）、夏蝶曼（Scheidemann）[3] 的功业，是马客士（Marx）的功业。……由今而后，到处所见的，都是 Bolshevism 战胜的旗。到处所闻的，都是 Bolshevism 的凯歌的声。人道的警钟响了！自由的曙光现了！试看将来的环球，必是赤旗的世界！"[4] 今天，当我们重读这些文字，依然可以从字里行间感受到十月革命胜利给李大钊带来的莫大鼓舞和启发，由此他逐渐走上了信奉马克思列宁主义这条正义的道路，成为中国最早的马克思主义者和共产主义者。

1919年中国在巴黎和会上的外交失败，直接点燃了中国各阶层人民的怒火，以学生斗争为先导的五四运动爆发，中国人民开始以不曾有过的彻底姿态反对帝国主义和封建主义。伴随斗争形势的发展，运动中心由北京转移至上海，运动主体也主要由学生转为工人。在五四运动中，中国工人阶级开始以独立的姿态登上政治舞台，中国工人阶级的伟大力量势如破竹般爆发出来。巴黎和会使中国先进分子认识到了帝国主义列强联合压迫中国人民的实质。与之相对，1920年《东方杂志》等刊登了苏俄政府第一次对华宣言，宣布放弃沙俄在中国享有的一切特权。两相对比下，中国先进知识分子内心的天平更加倾向

---

[1]《李大钊全集》第二卷，人民出版社2013年版，第332页。

[2] 十月革命后，郭冷苔被列宁任命为社会福利人民委员。

[3] 夏蝶曼，德国政治家、社会主义运动领导人。

[4]《李大钊全集》第二卷，人民出版社2013年版，第363页、367页。

社会主义一边。在多种原因的共同作用下，经过分析比较和反复考量，中国部分先进分子逐步走上学习和信奉马克思列宁主义的道路，开始不遗余力地学习马克思列宁主义、研究马克思列宁主义、传播马克思列宁主义。

1919 年，李大钊将《新青年》第六卷第五号编为"马克思主义研究"专号，撰写发表了《我的马克思主义观》，系统介绍马克思主义理论。由此，马克思主义在中国进入比较系统的传播阶段。同年，李大钊帮助北京《晨报》副刊开辟了《马克思研究》专栏，《民国日报》《时事新报》和《京报》等也先后开辟专栏专刊，刊登从不同角度介绍和宣传马克思主义的文章。1920 年 3 月，李大钊倡导在北京大学成立马克思学说研究会，这是中国最早研究和传播马克思主义的组织。

毛泽东也在这一时期建立起马克思主义信仰。1919 年 12 月，毛泽东第二次来到北京，他热心地搜寻那时候能找到的为数不多的用中文写的共产主义书籍，按照毛泽东本人的说法，到了 1920 年夏天，在理论上，而且在某种程度的行动上，他已经成为一个马克思主义者。

四、 翻译 "马克思" "恩格斯" 与 《共产党宣言》

马克思主义本身是一门科学的理论体系，透过理论原典才能精确把握其理论精髓。因此，在马克思主义在中国的传播过程中，翻译出版马克思主义经典著作是一项极为重要的工作。其中，第一步就是统一马克思和恩格斯的中文译名。

从 19 世纪末到 20 世纪 20 年代，在不同报纸杂志和各种翻译出版物中，马克思的中文译名有近 20 种，当时见诸书刊的译名有"马客士""马格斯""马克尔斯""马克斯""马克司""麦克思"等。中国革命先驱李大钊在马克思中文译名的最终确定上起到了关键作用。"马克思"这个中文译名和原文发音相近，具有简单明了、读写方便、符合我国语言习惯的天然优势，从而逐渐被大多数人所接受。[①] 恩格斯的中文译名最初也很多，包括"安格尔斯""因格思""昂格士""昂格斯"等。1920 年 11 月创刊的上海共产党早期组织机关刊物《共产党》正式采用了"恩格斯"的译名。自此以后，"恩格斯"便逐渐成为公认的标准中文译名了。[②]

在马克思主义的著作中，作为马克思主义理论纲领性文件之一的《共产党宣言》在整个马克思主义理论体系中占据特殊地位，全文翻译《共产党宣言》成为宣传和学习马克思主义理论的迫切任务。我国第一个《共产党宣言》完整中文译本由教育家、语言学家陈望道翻译。1920 年，《星期评论》周刊主编戴季陶写信邀请陈望道翻译《共产党宣言》，随信同时寄来的还有一本日文版《共产党宣言》和李大钊从北大图书馆借来的英文版《共产党宣言》。在这版译本中，《共产党宣言》作者的中文译名为"马格斯""安格尔斯"，而非"马克思""恩格斯"。[③] 1920 年 8 月，社会主义研究社印刷及发行了首部《共产党宣言》中文全译本，初版为水红色封面，书名误印为"共党产宣言"；一个月后再版，改为蓝色封面，并将书名更正为"共产党宣言"。[④]

---

① 参见郝文清：《马克思中译名考》，《中共中央党校学报》2010 年第 6 期。

② 参见雍桂良：《马克思恩格斯列宁斯大林的中译名》，《社会科学战线》1979 年第 3 期。

③ 参见红霞云：《陈望道：〈共产党宣言〉第一个中文版翻译者》，《福建党史月刊》2004 年第 1 期。

④ 参见余玮：《传奇的〈共产党宣言〉中文全译本》，《世纪行》2014 年第 7 期。

在这版《共产党宣言》的翻译过程中，还有一个家喻户晓的小插曲。2012 年 11 月 29 日，习近平总书记在参观《复兴之路》展览时曾讲述过这个小故事："一天，一个小伙子在家里奋笔疾书，妈妈在外面喊着说：'你吃粽子要加红糖水，吃了吗？'他说：'吃了吃了，甜极了。'结果老太太进门一看，这个小伙子埋头写书，嘴上全是黑墨水。结果吃错了，他旁边一碗红糖水，他没喝，把那个墨水给喝了。但是他浑然不觉啊，还说'可甜了可甜了'。这人是谁呢？就是陈望道。他当时在浙江义乌的家里，就是写这本书（翻译《共产党宣言》——编者注）。于是由此就说了一句话：真理的味道非常甜。"①

陈望道翻译《共产党宣言》时，正值中国共产党筹建初期，全国各地的共产主义小组纷纷成立，于是，这本只有 56 页的小册子，成为无数人革命信仰的思想起点。中共老一辈无产阶级共产党人接触到的最早的马克思主义的著作之一，就是《共产党宣言》。在陈望道翻译的第一个《共产党宣言》中文本出版发行时，它震惊了中国。毛泽东对《共产党宣言》爱不释手。他曾说："《共产党宣言》，我看了不下一百遍，遇到问题，我就翻阅马克思的《共产党宣言》，有时只阅读一两段，有时全篇都读，每阅读一次，我都有新的启发。"② 于是，《共产党宣言》成为他每一年的必读书目，从第一页到最后一页都是他用密密麻麻的蝇头小字写的注。

五、 从 "俄乡" 到中国

十月革命一声炮响，给中国送来了马克思列宁主义。但是，当时

---

① 海风：《真理的味道非常甜》，《支部建设》2018 年第 21 期。
② 胡晓琛：《跟随伟人学马列》，《机关党建研究》2020 年第 4 期。

大多数人都不很清楚马克思列宁主义具体是什么，对于苏俄的现实状况和社会主义建设情况也知之甚少。而且，由于封锁严密、交通阻隔，十月革命后苏俄的政治、教育、卫生、劳动、社会状况等，也不太为外界所了解。为深入了解当时社会主义的真相，许多国家的名人都曾赴苏俄考察。

1920 年 10 月，瞿秋白以《晨报》驻俄特派记者的身份奔赴俄国，成为中国先进分子中实地考察和报道俄国革命的第一人，也是十月革命后最早有系统地向中国人民报道苏俄情况的新闻界先驱。在苏俄考察期间，瞿秋白撰写了大量的苏俄见闻，并以"旅俄通信"的方式刊于《晨报》和《时事新报》，仅在《晨报》上发表的就有 40 篇，约 16 万字。瞿秋白试图将一个真实的社会主义国家情况详尽而准确地介绍给中国人，同时全力介绍十月革命的经验。他将自己在苏俄的心路历程和学习苏俄革命的追求，真实地记录在《饿乡纪程》《赤都心史》两部文集中，也为正探索中国革命道路的中国先进分子提供了借鉴。正如瞿秋白所说："我总想为大家辟一条光明的路。"[1] 当时很多进步青年通过阅读瞿秋白的报道和介绍，倾向了社会主义和十月革命，甚至奔赴红都莫斯科学习和了解俄国革命。[2] 可以说，瞿秋白在中国大地上广泛撒下了马克思主义和社会主义的火种。

随着对俄国十月革命和马克思主义了解的增多，大批先进分子和民主主义者确立起马克思主义信仰，成为马克思主义者。但是，马克思主义在中国的传播也不是一帆风顺的，随着马克思主义在中国日渐广泛地传播，社会上也出现过反马克思主义的思潮。当时的马克思主

---

① 《瞿秋白诗文选》编辑小组：《瞿秋白诗文选》，人民出版社 1982 年版，第 19 页。

② 参见李永春、岳梅：《瞿秋白对十月革命的研究和宣传》，《湘潭大学学报（哲学社会科学版）》2020年第 1 期。

义者与反马克思主义者进行了三次激烈的论战，分别是与胡适等代表的"问题与主义"进行论战，与张东荪、梁启超等代表的基尔特社会主义思潮进行论战，与黄凌霜、区声白等代表的无政府主义思潮进行论战。这三次论战粉碎了反马克思主义思潮对马克思主义的进攻，厘清了马克思主义与其他错误思想的界限，也在更大范围扩大了马克思主义的影响，使早期马克思主义者对马克思主义的信仰更加坚定。[①]中国近代史上的早期马克思主义者在中国播下马克思主义理论创新的火种，燃成了党的百年理论创新史上的熊熊烈火。

第四节　上海望志路 106 号——中国共产党成立

中国先进分子研究和宣传马克思主义的初心是以马克思主义为救国之道，所以在马克思主义广泛传播、中国近代工人阶级的队伍逐渐壮大后，中国先进分子积极地投身到工人运动中去，注意同工人阶级结合，同中国实际结合，尝试摸索马克思主义与中国工人运动、与中国实际相结合的方法，开始了马克思主义与工人运动、与中国实际相结合的进程。可以说，从一开始，十月革命送来的马克思列宁主义就面临着与中国具体实际结合、开始进行理论创新的革命现实需要。

---

① 参见周三胜：《文化选择与马克思主义在中国的传播》，《新疆社会科学》2009 年第 5 期。

一、 南陈北李， 相约建党

五四运动中，陈独秀不幸被捕入狱。出狱后，陈独秀逐步完成了由一个民主主义革命者向马克思主义者的转变。为了躲避北洋政府的监视，1920 年 1 月，陈独秀秘密离开北京，李大钊一直护送他到天津。两人假扮商人，雇了一辆骡车，以到天津收账的名义离开北京。在前往天津的路上，李大钊与陈独秀一路商谈，最终决定南北分头组建中国共产党。这就是党史上的"南陈北李，相约建党"。[①]

李大钊继续留在北京，为筹建无产阶级政党而积极奔走。1920 年 3 月，李大钊秘密成立了马克思主义学说研究会，聚集起大批具有初步共产主义思想觉悟的志同道合者，宣传和研究马克思主义。

陈独秀到达上海以后，四处奔走，在工人群众中宣传马克思主义。1920 年 4 月，陈独秀在上海法租界环龙路老渔阳里 2 号（今南昌路 100 弄 2 号）的一栋房子里，与前来中国的俄共（布）党员小组维经斯基等人多次见面会谈。维经斯基来华的目的就是了解中国的工人运动情况和革命形势，与中国的革命组织建立联系。维经斯基一行人先到北京拜访了李大钊，然后经李大钊的引荐又到上海会见了陈独秀。维经斯基向李大钊、陈独秀等人介绍了共产国际和国际共产主义运动的情况，同他们讨论了中国共产主义政党的组建问题。[②]

1920 年 8 月，经过一系列的准备工作，中国第一个共产党组织——上海共产主义小组正式成立。上海共产主义小组的建立，标志

[①] 参见黄爱军、张邵敏：《"南陈北李，相约建党"问题的再探讨》，《毛泽东思想研究》2012 年第 3 期。

[②] 参见苗体君、窦春芳：《上海共产主义小组在中国共产党创建时的历史作用》，《郑州轻工业学院学报（社会科学版）》2006 年第 5 期。

着中国一大批坚信马克思主义的先进分子已经开始团结起来，为建立一个中国的共产主义政党迈出了第一步。此后，全国各地又陆续成立了多个共产主义小组。各地的共产主义小组建立以后，大力宣传马克思主义，积极组织工人运动，推动建立社会主义青年团。他们的这些工作，进一步推动了马克思主义和中国工人运动的结合，并为中国共产党的正式成立奠定了坚实的基础。

二、 望志， 兴业

从 1920 年夏季到 1921 年春季，不到一年时间，中国共产党早期组织，已经伴随着马克思主义的快速传播和工人运动的蓬勃兴起，在中国大地上相继成立。与此同时，相隔万里的欧洲与隔海相望的日本也诞生了由中国留学生成立的共产党早期组织。中国共产党成立的环境已经成熟，建党骨干开始酝酿召开全国党的代表大会。

1921 年 6 月 3 日，共产国际代表马林与从西伯利亚来的共产国际代表尼克尔斯基在上海会面。当时，正赶上陈独秀离开上海，李达和李汉俊代为主持上海的相关工作。在上海期间，两名代表联系了李达和李汉俊，并相互交流了各自的情况。共产国际代表提议，应尽早举行党的代表大会，宣告中国共产党正式成立。李达和李汉俊就此征求了陈独秀和李大钊的意见，得到了他们的赞同后，两人分别给各个地区的党组织写信，请各地党组织派出两名代表到上海参加党的全国代表大会。①

1921 年 7 月中下旬，一批教师、学生模样的青年人陆续住进了设

① 参见倪兴祥：《红船领航 90 载》，《杭州（周刊）》2011 年第 6 期。

在法租界白尔路（后称蒲柏路）的博文女校。各地共产主义小组的代表为避人耳目，以北京大学师生暑假旅行团的名义齐聚上海，参加了中国近代史上极为重要的一次历史性聚会。

1921 年 7 月 23 日晚，上海法租界望志路 106 号（今兴业路 76 号）一幢不起眼的小楼里，亮起星点的煤油灯光，如同闪电般照亮中国的夜空，中国共产党第一次全国代表大会在这里正式开幕。这是一次具有特殊意义的会议，但会议的举办地点并不是人们印象中隆重、奢华的场所，甚至不是正式的会议场所，只是中共一大代表李汉俊和他的哥哥李书城的住宅。会场内陈设简单，没有进行特别布置，但是会场气氛庄重。上海的李汉俊、李达，北京的张国焘、刘仁静，长沙的毛泽东、何叔衡，武汉的董必武、陈潭秋，济南的王尽美、邓恩铭，广州的陈公博，留日学生周佛海以及陈独秀委派的包惠僧，13 位平均年龄 28 岁的有志之士发出属于中国共产党人的声音！中国共产党第一次全国代表大会召开了！中国共产党正式成立了！当年开会的人可能没想到，他们做了一件改变中国命运的大事。

以后来人的眼光看中共一大和参加一大的代表，难免会有些唏嘘。两个建党发起人李大钊、陈独秀都没有出席会议，未能亲历和见证这历史性的时刻。参加会议的东道主李汉俊、李达不久后就脱离了中国共产党，重回书生本色。陈公博、周佛海、张国焘背叛了参加中共一大的初心，走向历史的反面。陈独秀半路放弃了，王尽美、邓恩铭、何叔衡、陈潭秋没有等到胜利就牺牲了，只有毛泽东和董必武坚守理想信念，迎来最终胜利，在新中国成立那天站上了天安门的城楼，见证了五星红旗在天安门广场上缓缓升起。①

---

① 参见刘统：《"一大"召开时间是怎么考证出来的？》，《时代主人》2021 年第 3 期。

前文中曾提到的两位共产国际代表也出席了一大开幕会议，并在会议上发表了讲话。马林首先指出中国共产党的建立对国际共产主义运动的重要意义，第三国际增加了一个东方支部，苏俄布尔什维克又多了一个亲密战友，并对中共提出了建议和希望。尼克尔斯基在会上向各位代表介绍了共产国际远东局的情况，并要求中国共产党向远东局及时汇报工作进展。[①] 中国共产党的成立离不开共产国际的帮助和支持，但是我们也可以从两位代表的讲话中发现一些问题。马林将中国共产党视为第三国际的支部，尼克尔斯基要求中国共产党向远东局汇报工作，说明他们已经默认共产国际与中国共产党是领导与被领导的关系，这种关系可以给处于幼年时期的中国共产党提供必要的扶持和帮助，但是中国共产党成立之初失去了完全独立自主的地位，为后来革命活动的顺利开展埋下了隐患。

在接下来的几天里，各地代表们围绕本地区党团组织的状况和工作进程、党的纲领和今后的工作计划、起草党的纲领和决议、选举中央机构等内容进行了热烈的讨论。

三、 南湖的游船

按照原定计划，7 月 30 日晚上举行以通过党的纲领、决议和选举党的中央机构等为议题的会议。

会议刚开始，平静的局面就被打破了，一个法租界巡捕闯入了会场。为什么会议突然遭到巡捕侵扰？原来是因为共产国际代表马林。马林从莫斯科借道欧洲来到中国，在维也纳曾被警方逮捕，后来被解

---

① 参见倪兴祥：《红船领航 90 载》，《杭州（周刊）》2011 年第 6 期。

救出来，却以"赤色分子"的身份受到了密切的监视。凭借多年秘密工作的经历，马林断言闯入的人一定是"包打听"（即巡捕房的密探或线人）。因此，根据他的提议，会议马上结束，与会代表分头离开。①

事实证明，马林的判断是正确的。果不其然，十多分钟后，两辆警车将一大会场团团围住，法国警察亲自带人进去盘问。由于没有充分的证据，警察威胁和警告一番后灰溜溜地离开。虽然这次事件没有对会议产生实质性的破坏，但是一大已经不可能在原来的地方继续进行了。② 当天晚上，代表们聚集在李达寓所开会，商讨除上海外其他可以召开会议的地点。李达的妻子王会悟提议大家去她的家乡嘉兴南湖，因为那里距离上海很近，而且不容易暴露。众人一致同意这个提议。③

随后，与会代表分成两拨坐上了去嘉兴的列车。但是两位共产国际代表、何叔衡、李汉俊以及陈公博没有一同前往。与会人员陆续抵达嘉兴，在旅馆短暂歇脚，然后登上事先租好的画舫。小雨淅淅沥沥地下着，游客们纷纷离开，美丽的南湖变得静谧而又典雅。在画舫上，会议围绕前一天未尽的议题开始讨论。④ 代表们首先讨论和通过了《中国共产党第一个纲领》，纲领包括 15 条内容，共 700 个字左右。就是这份短小精悍的纲领，确立了党的名称、奋斗目标和基本政

---

① 参见何长江：《开天辟地的大事件——中共一大的召开及会务保障》（上），《中国机关后勤》2021 年第 7 期。

② 参见何长江：《开天辟地的大事件——中共一大的召开及会务保障》（上），《中国机关后勤》2021 年第 7 期。

③ 参见何长江：《开天辟地的大事件——中共一大的召开及会务保障》（下），《中国机关后勤》2021 年第 8 期。

④ 参见何长江：《开天辟地的大事件——中共一大的召开及会务保障》（下），《中国机关后勤》2021 年第 8 期。

策，提出了发展党员、建立地方和中央机构等机制，兼具党纲和党章的内容，是党的第一个正式文献，也是中国共产党理论创新的起点。接着，与会代表讨论并通过了《中国共产党第一个决议》，选举产生了中央领导机构。最后，会议在代表们齐呼"第三国际万岁！""中国共产党万岁！"的声音中闭幕。①

党的一大的召开标志着中国共产党的正式成立，一个新的革命火种已在沉沉黑夜的中国大地上点燃起来了，照亮了中国革命活动的前程和中国历史前进的道路。这既符合近代中国社会进步和革命发展的客观要求，也顺应了中国人民的愿望，是开天辟地的大事变。

一波三折的会议过程充分说明革命环境的险恶和中国共产党开展革命活动的艰难，没有正式会场，没有经费，没有保障，没有完整的档案储存。但是，就是在这种艰苦的条件下，中国共产党诞生了，并成长为带领中国人民一次次取得胜利的坚强领导核心。

自成立之日起，中国共产党就一以贯之地推进理论创新，不断创立和形式马克思主义中国化的理论成果。虽然"马克思主义中国化"命题的正式提出并不是与马克思主义中国化的理论创新同时进行的，但是中国共产党始终在践行马克思主义中国化的原则中进行理论创新。

---

① 参见倪兴祥：《红船领航90载》，《杭州（周刊）》2011年第6期。

第二章

马克思主义中国化第一次历史性飞跃：毛泽东思想

在新民主主义革命、社会主义革命和社会主义建设的实践基础上，以毛泽东为主要代表的中国共产党人创立了第一个马克思主义中国化理论创新成果——毛泽东思想，实现了马克思主义中国化第一次历史性飞跃。

第一节　中国出了个毛泽东

毛泽东是毛泽东思想的主要创立者，是马克思主义中国化当之无愧的开拓者，所以无论是毛泽东思想还是中国共产党的理论创新历程，都要从毛泽东说起。

一、爱读书的少年

1893 年 12 月 26 日尚处于清朝光绪皇帝统治的时期，原本平凡的一天因为诞生了一个在中国历史上留下浓墨重彩一笔的伟人而变得不再平凡。这一天，湖南省湘潭县韶山冲的一户农家里出生了一个男婴，取名为毛泽东。他的父亲是毛贻昌，字顺生，曾在私塾读过几年书，聪慧机敏，擅长经商，除了种田之外，还在农闲之余养猪、贩卖粮食等，家庭日渐富裕。毛泽东后来回忆说："我父亲原是一个贫农，年轻的时候，因为负债过多而只好去当兵。他当了好多年的兵。后来，他回到我出生的村子，做小生意和别的营生，克勤克俭，积攒下一点钱，买回了他的地。"毛泽东母亲文氏的性格与他的父亲截然不同，她完全不识字，但是个温柔贤惠、善良慈悲、笃信佛教的人，在村子里面很受尊敬。毛泽东曾回忆，母亲去世时有许多人来参加葬礼。毛泽东的两位哥哥早在婴儿时期就都夭折了，母亲文氏担心这样的悲剧会在毛泽东身上重演，于是按照当地的风俗，把他寄养在唐家圮外祖父家里，并拜龙潭的一块巨石作为"干娘"，取乳名为"石三伢子"。①

从六岁开始，毛泽东跟随父亲在田间劳作。八岁时，毛泽东被父亲送进私塾读书，他曾在韶山先后进入六所私塾就读六年。凭借惊人的记忆力和理解力，毛泽东熟读了《论语》《孟子》《诗经》等"四书五经"。但是，毛泽东对经书的兴趣不大，中国民间故事和传奇小说才是他的最爱。1936年，他同美国记者斯诺谈话时说："我爱看的是中国古代的传奇小说，特别是其中有关造反的故事。"② 他曾背着老师读了《三国演义》《西游记》《水浒传》《岳飞传》《隋唐演义》等，这些中国传统读物对毛泽东影响很大，他后来在不同场合多次提及这些图书的内容。1936年12月，毛泽东在《中国革命战争的战略问题》一文中讲述战略防御原则时，列举了中国古代著名的六个以弱抗强的大战，诸如楚汉成皋之战、新汉昆阳之战、袁曹官渡之战、吴魏赤壁之战、吴蜀彝陵之战、秦晋淝水之战，从而证明了"双方强弱不同，弱者先让一步，后发制人，因而战胜"的道理。这些有名的战例都在《三国演义》等传统文化图书中生动展现过，蕴含着丰富的优秀传统文化因素，构筑了毛泽东思想的优秀传统文化底蕴。

由此可见，马克思主义基本理论与中国具体实际相结合、与中华优秀传统文化相结合，在毛泽东的幼年就埋下了种子。

① 参见冯蕙、李捷：《毛泽东》，中央文献出版社2010年版，第2页。
② ［美］埃德加·斯诺：《红星照耀中国》（新译本），王涛译，长江文艺出版社2018年版，第93页。

二、 学不成名誓不还

1910 年秋天，毛泽东离开故土韶山前往湘乡县立东山高等小学堂读书。临行前，毛泽东给父亲留下一首改写的诗词，诗词的内容充分显现了少年毛泽东的远大志向："孩儿立志出乡关，学不成名誓不还。埋骨何须桑梓地，人生无处不青山。"①

东山高等小学堂是一所以西学为主要课程的新式学校。在这里，毛泽东大开眼界，茅塞顿开，接触到中国以外的广阔世界，为自己确立了更远大的人生志向。在东山高等小学堂学习半年后，毛泽东把目光转向离家乡更远、离政治中心更近的地方——省会长沙。1911 年春天，毛泽东进入湘乡驻省中学堂读书。当时，资产阶级革命派的反清民主革命正如火如荼地进行，而长沙又处于孙中山领导的同盟会活动中心广州和武汉之间，毛泽东自然而然地受到了资产阶级民主革命思潮的影响。②

毛泽东刚到学校不久，四川就爆发了声势浩大的"保路运动"，这是旨在反对清政府出卖国家主权的群众运动。长沙的学生开会演讲，支持"保路运动"，充满爱国激情的毛泽东也是其中一员。为了表达对清政府的不满情绪，毛泽东和同学商量剪去辫子。在清朝，成年男子都留着长辫子，革命派为了反对这种象征专制统治的陋习，曾大力宣传剪辫子，但由于长期的习惯禁锢了人们的思想，这种"激进"的做法让很多人难以接受。动手剪辫子时，一些相约剪辫子的同

---

① 参见许丁心：《毛泽东》，国际文化出版公司 2019 年版，第 10 页。
② 参见冯蕙、李捷：《毛泽东》，中央文献出版社 2010 年版，第 6—7 页。

学动摇了，毛泽东却毫不犹豫，拿起剪刀咔嚓一下就把自己留了十几年的辫子剪掉了，同时也动手剪掉了那些产生动摇的同学的辫子。①

三、 恰同学少年

"剪辫事件"发生不久，辛亥革命爆发了，毛泽东在起义的新军中当了半年兵。离开军队后，毛泽东漫无目的地在长沙徘徊，尝试报考的几所学校都不合他的心意。最后，毛泽东决定当一名"教书先生"。1913 年春天，毛泽东考入湖南省立第四师范学校，学校后来并入湖南省立第一师范学校。这所学校采用当时最新式的教育理论，强调学生的全面发展，除学习常规的课程外，还要求学生锻炼身体、参加社会活动。当时，湖南一师是追求进步的青年的摇篮，毛泽东在这里结交了很多良师益友。与毛泽东几乎同时入学的有蔡和森、何叔衡、张昆弟、陈章甫、罗学瓒、李维汉、周世钊、萧子升等。当时在学校任教的教师有杨昌济、徐特立、黎锦熙、袁仲谦、杨怀中、王季范等。到 1918 年暑期毕业，毛泽东在湖南一师度过了五年半的读书时光。

在湖南一师，毛泽东遇到了改变他人生方向的老师，结识了志同道合的朋友，孜孜不倦地学习知识，针砭时弊地研讨时局，构建出对这个世界最基本的认识，也做好了打碎一个旧世界、开创一片新天地的准备。毛泽东后来回忆："我在这里——湖南省立第一师范学校经历了不少事情。正是在这个时期，我开始形成自己的政治观点。我最

---

① 参见冯蕙、李捷：《毛泽东》，中央文献出版社 2010 年版，第 7 页。

早的社会活动经验也是在这里获得的。"① 电视剧《恰同学少年》曾以毛泽东在湖南一师的读书生活为主要背景，展现了以毛泽东等为代表的一批优秀青年风华正茂的学习生活。②

四、 成为坚定的马克思主义者

1840 年鸦片战争后，旧中国濒临亡国灭种，主权沦丧，统治腐朽，民不聊生。大批仁人志士为挽救民族危亡、寻求救国真理而苦苦求索，青年毛泽东就是其中的一员。当时的中国社会正处于剧烈变动之中，新旧观念交织，各种思潮激荡，青年毛泽东的思想也发生了巨大变化。

1902 年，梁启超在日本横滨创办《新民丛报》，并以之为阵地宣传君主立宪、反对民主革命。1910 年秋天，当时还在湘乡县立东山高等小学堂读书的毛泽东接触到了《新民丛报》，深切赞同梁启超和康有为关于君主立宪的主张。翌年春天，毛泽东进入长沙湘乡驻省中学堂读书。在这里，他阅读了同盟会的《民立报》，转而成为孙中山领导的同盟会的拥趸。1911 年 10 月，武昌起义打响了辛亥革命的第一枪，革命的火焰熊熊燃烧。那一年，毛泽东 18 岁。18 岁是一个人成长过程中的重要节点，毛泽东在这一年做出了一个重要决定：投笔从戎，加入新军。此后，毛泽东广泛阅读西方著作，接受过进化论、改良主义、自由主义、无政府主义等思想的熏陶。当时毛泽东的头脑是

---

① [美] 埃德加·斯诺：《红星照耀中国》（新译本），王涛译，长江文艺出版社 2018 年版，第 104 页。
② 余玮：《毛泽东的密友"周世钊"》，《政协天地》2011 年第 5 期。

"自由主义、民主改良主义和空想社会主义等观念的奇怪组合"①，他从革命斗争的实际出发，对各种思想进行了分析和甄别。由于种种学说到处碰壁，他渐渐意识到，要想使中国的现状发生实质性改变，就得以科学真理为指引，"另辟道路，另造环境一法"②。

1918 年 8 月，毛泽东第一次踏上北京的土地。在李大钊的推荐下，毛泽东在北京大学担任图书馆助理员。利用工作之余，毛泽东阅读了李大钊的《庶民的胜利》《布尔什维主义的胜利》等宣传十月革命和马克思主义的著作。毛泽东还抓住各种机会，广泛接触学者，与其交流社会主义学说。他曾参加由李大钊等指导的北大哲学会、新闻学研究会和平民教育讲演团等社团的活动，实地到长辛店调查，了解工厂生产和工人生活状况。可以说，1918 年的北京之行给了毛泽东广泛接触、深入了解马克思主义的良机，是毛泽东由民主主义转向马克思主义的起点。这一次，毛泽东选择的是一条通向真理、胜利、光明的道路，此后他都在这条路上坚定地前行。③

1920 年春天，毛泽东再次来到北京，他阅读了李大钊、邓中夏、罗章龙等介绍的马克思主义的书刊。这一次，他接受了马克思主义的基本立场、观点和方法，思想发生了彻底转变，建立起对马克思主义的坚定信仰。后来再回忆起这段经历时，毛泽东说："到了 1920 年夏天，我已经成为一名马克思主义者，无论是在理论上还是在一定程度的行动上。而且，我从此也自认为是一名马克思主义者。"④ 正如他自己说的，毛泽东在这个时期完成了从一个民主主义者向马克思主义者

①［美］埃德加·斯诺：《红星照耀中国》（新译本），王涛译，长江文艺出版社 2018 年版，第 108 页。
②《毛泽东年谱（1893—1949）》（修订本）上卷，中央文献出版社 2013 年版，第 70 页。
③参见汪勇：《毛泽东是如何成为马克思主义者的》，《决策探索（上）》2021 年第 3 期。
④［美］埃德加·斯诺：《红星照耀中国》（新译本），王涛译，长江文艺出版社 2018 年版，第 114 页。

的重大转变。

毛泽东认识到科学真理对于根本改造中国的重要作用，"固然要有一班刻苦励志的'人'，尤其要有一种为大家共同信守的'主义'""主义譬如一面旗子，旗子立起了，大家才有所指望，才知所趋赴"①。为了立起这面旗，毛泽东积极传播和宣传马克思主义；为了聚集起一班刻苦励志、改变中国命运的人，毛泽东在湖南秘密开展建党活动。② 1920 年，中国第一个共产主义小组在上海成立。随后，北京、武汉等地的共产主义小组也陆续建立。大约 1920 年 11 月，湖南共产主义小组在长沙秘密成立，随即开始组织最初的工人运动。1921年 6 月，毛泽东接到了上海共产主义小组发来的召开中国共产党第一次全国代表大会的通知。6 月 29 日傍晚，毛泽东与何叔衡一同前往上海，参加党的第一次全国代表大会。

从正式成为中国共产党的党员起，毛泽东一直身处革命的洪流中。党和国家的事业是第一位的，他的家庭生活不得不退居第二位。对于妻子，他不仅不能为其提供任何物质的保障，也很难全身心承担情感的责任；对于孩子，他无法给予适当的保护，也很难给予普通父亲应给予的关怀；对于亲人，他动员全家投身革命，他的几位亲人为了实现崇高的革命目标先后贡献出生命。妹妹毛泽建，夫人杨开慧，弟弟毛泽覃、毛泽民，侄子毛楚雄（毛泽覃的儿子），长子毛岸英，均在残酷的革命战争中牺牲。

杨开慧的离世让毛泽东难以释怀。毛泽东得知妻子牺牲的消息

---

① 《毛泽东年谱（1893—1949）（修订本）》上卷，中央文献出版社 2013 年版，第 70 页。
② 参见汪勇：《毛泽东是如何成为马克思主义者的》，《决策探索（上）》2021 年第 3 期。

后，痛彻心扉，曾说："开慧之死百身莫赎。"[1] 杨开慧1921年加入中国共产党，曾担任中共湘区委员会的机要和交通联络工作，协助毛泽东开展革命工作，发动工人运动，因此，杨开慧不仅是毛泽东的爱人，也是毛泽东的革命战友。1930年10月，杨开慧和儿子毛岸英被敌人逮捕，敌人声称杨开慧只要宣布同毛泽东脱离关系，即可自由。杨开慧勇敢而坚决地拒绝了这个可以给她带来生路的选择，毅然回答道："我开慧死不足惜，但愿润之的事业早日成功。"[2] 1957年，毛泽东为纪念杨开慧写了《蝶恋花·答李淑一》，称赞杨开慧为"骄杨"，并解释道："女子革命而丧其元，焉得不骄?"[3]

毛泽东为中国共产党和中国人民解放军的创立和发展，为中国各族人民解放事业的胜利，为中华人民共和国的缔造和我国社会主义事业的发展，建立了永远不可磨灭的功勋。[4] 在推进马克思主义中国化的理论创新进程中，毛泽东也是当之无愧的开创者和奠基人，为马克思主义中国化事业做出了不可磨灭的贡献。在新民主主义革命、社会主义革命和社会主义建设过程中，毛泽东坚持将马克思主义基本原理和中国具体实际相结合，把中华优秀传统文化融入中国的革命和建设事业中，对中国长期革命和建设实践中形成的经验做了理论概括，形成了既适合中国情况又具有科学性的指导思想，以独创性的理论内容丰富和发展了马克思主义，实现了马克思主义理论的创新发展。

---

① 参见王华、李林：《毛泽东与杨开慧》，中央文献出版社2007年版，第2页。
② 参见王华、李林：《毛泽东与杨开慧》，中央文献出版社2007年版，第222页。
③ 参见王华、李林：《毛泽东与杨开慧》，中央文献出版社2007年版，第286页。
④《改革开放三十年重要文献选编》（上），人民出版社2008年版，第204页。

第二节　推翻"三座大山"——新民主主义革命

马克思主义在革命年代传入中国，所以中国共产党首先要解决的就是促进马克思主义与中国革命斗争的具体实践相结合，以贴合革命实际的理论创新成果推动革命实践，不断促进中国革命战争向着胜利的方向发展。

一、大革命时期的农民调查

恩格斯说过："马克思的整个世界观不是教义，而是方法。它提供的不是现成的教条，而是进一步研究的出发点和供这种研究使用的方法。"[①] 马克思主义没有穷尽真理，而是开辟了通向真理的道路，必须始终随着时代、实践、认识发展而发展。中国共产党自成立之日起，就面临如何实现马克思主义中国化的问题，即把马克思主义基本原理同中国具体实际相结合，在坚持马克思主义基本原理的基础上"解决中国问题，创造些新的东西"。

中国共产党成立之初，当务之急是运用科学的世界观和方法论分析和解决中国面临的实际问题，促进马克思主义与中国革命斗争的实践相结合，争取早日结束中国社会半殖民地半封建的局面。起初，中

---

①《马克思恩格斯选集》第四卷，人民出版社 2012 年版，第 664 页。

国共产党曾组织工人运动。经过"二七惨案"，中国共产党认识到，仅仅依靠工人阶级的力量是不够的，只有团结一切可以团结的力量，才可能把中国革命引向胜利。为此，中国共产党与孙中山领导的国民党合作，建立革命统一战线。这一时期，以湖南为中心的全国农民运动也迅猛开展起来。毛泽东在农民运动中起着极为重要的作用。

根据在韶山从事农民运动的实践，毛泽东于 1925 年 12 月 1 日、1926 年 1 月 1 日，在《革命》（由国民革命军第二军司令部、政治部编辑）和《中国农民》（国民党中央执行委员会农民部印行）上先后发表《中国社会各阶级的分析》《中国农民中各阶级的分析及其对于革命的态度》两篇文章，分析农民的阶级构成、经济地位和政治态度。他把农民划分为半无产阶级中的半自耕农、半益农和贫农，小资产阶级中的自耕农以及农业无产阶级（即雇农）三大类五种人，认为这些人占了农村人口的绝大多数，所谓农民问题，主要是他们的问题。但是，毛泽东对农民运动的支持反而遭到党内部分同志的责难。陈独秀认为湖南农民运动"过火""幼稚""动摇北伐军心""妨碍统一战线"等，[①] 对于毛泽东提出的土地革命主张不予理睬。

作为《毛泽东选集》的开篇之作，毛泽东在新中国成立后选编《中国社会各阶级的分析》一文时，还特意写了一个题注，解释了当时党内的两种倾向："此文是反对当时党内存在着的两种倾向而写的。当时党内的第一种倾向，以陈独秀为代表，只注意同国民党合作，忘记了农民，这是右倾机会主义。第二种倾向，以张国焘为代表，只注意工人运动，同样忘记了农民，这是'左'倾机会主义。这两种机会

---

① 参见张家康：《毛泽东与陈独秀的四个本质差异》，《湘潮（上半月）》2014 年第 2 期。

主义都感觉自己力量不足，而不知道到何处去寻找力量，到何处去取得广大的同盟军。"①

为了回应当时党内外对于农民革命斗争的责难，毛泽东专程到湖南进行了为期 32 天的考察。1927 年 1 月 4 日至 2 月 5 日，毛泽东实地考察了湘潭、湘乡、衡山、醴陵、长沙这 5 个县的农民运动，行程 700 公里。在考察中，他掌握了大量鲜活的第一手材料，以此为基础，撰写了著名的《湖南农民运动考察报告》，奠定了中国革命的思想理论基础。

毛泽东在大革命时期写作的《中国社会各阶级的分析》和《湖南农民运动考察报告》两篇光辉文献，首次运用马克思主义的阶级分析方法，全面分析了中国社会中的各个阶级，进一步解决了无产阶级正确对待农民这个最主要同盟军的重大原则问题，丰富和发展了马克思列宁主义关于工农联盟的理论，实现了马克思列宁主义的创造性运用和创新性发展，开启了马克思主义理论创新的崭新篇章。

二、"枪杆子里出政权"

国民大革命后期，以蒋介石为首的国民党右派和帝国主义勾结，准备叛变革命。中国共产党领导机关犯了以陈独秀为代表的右倾机会主义错误，对国民党右派妥协退让，对工农群众运动压制阻挠，并在革命紧要关头交出了工农武装。1927 年 4 月 12 日和 7 月 15 日，蒋介石、汪精卫先后在上海、武汉发动反革命政变，实行"清党""分

---

① 《毛泽东选集》第一卷，人民出版社 1991 年版，第 3 页。

共"，公开背叛孙中山的国共合作政策和反帝反封建纲领，从而导致第一次国内革命战争失败。中共中央机关各部门纷纷转移办公地点，部分已经暴露身份的中共领导人和党员迅速搬家，党组织的工作很快转为秘密状态。

共产国际和中国共产党结合当时的革命形势，决定召开一次紧急的中央会议。由于情况紧急、交通不便，原定于 7 月 28 日的会议一再推迟。经过慎重考虑，8 月 7 日这天，在武汉的部分中央委员、候补中央委员、青年团中央委员及湖北、湖南和上海的负责同志，在汉口原俄租界三教街 41 号（今鄱阳街 139 号）一座小楼的二层举行了中央紧急会议。

在这次会议上，罗米那兹作为共产国际代表作了报告，向大家介绍了中共过去的失误和未来的工作方向，瞿秋白代表临时中央政治局常委会向参会人员作了关于党在今后工作方针的报告。改组中央政治局也是这次会议的重要议程之一。此外，毛泽东在这次会议上提出了一句大家非常熟悉的口号——"枪杆子里出政权"。在八七会议会址纪念馆，利用幻影成像技术，真实再现了这一会议场景。身着长衫、操着一口湖南口音的毛泽东激昂地说："以后要非常注意军事。须知政权是由枪杆子中取得的。"① 大革命的惨痛教训使党认识到，只有革命的武装才能战胜武装的反革命。八七会议结束后，中国共产党按照会议精神，用鲜血与枪炮回应国民党的残暴统治，发动了秋收起义、黄麻起义、广州起义等武装起义，逐渐走向了"农村包围城市、武装夺取政权"的革命道路。

---

① 《毛泽东文集》第一卷，人民出版社 1993 年版，第 47 页。

三、"打土豪，分田地" —— 建立农村革命根据地

在八七会议确定实行土地革命和武装起义的方针后，党领导开展了秋收起义、黄麻起义、广州起义等武装革命行动，但大多数以失败告终。事实证明，俄国十月革命首先攻打大城市的革命路线只适用于俄国，不适用于中国，中国共产党必须寻找适合中国国情的革命道路。马克思主义理论在中国的运用和发展，面临着新情况、新问题，需要党的领导人进行新的审视，推进马克思主义理论的创新发展。

毛泽东坚决抵制党内教条主义错误和把共产国际指示神圣化的倾向，充分反思攻打大城市的失败经历，进而将目光转向敌人力量更为薄弱的农村地区，领导军民建立井冈山革命根据地。当时，两股当地的武装势力盘踞在井冈山上，"武力解决"是前委大多数人的主张，而毛泽东却坚决反对，他提倡团结、教育和改造他们，争取实现化敌为友。在会见两股武装势力的首领袁文才和王佐时，毛泽东为了消除对方的疑虑，坚决要求"单刀赴会"，并主动提出赠送枪支的想法。毛泽东的豪情、大胆使袁文才和王佐两人深受触动，他们不但答应了工农革命军上山的要求，还尽可能地提供了一切援助。[①] 向井冈山进发前，毛泽东向部队宣布了三大纪律：行动听指挥；不拿群众一个红薯；打土豪要归公。[②] 这就是后来"三大纪律"的雏形。

毛泽东率领的工农革命军很快在井冈山站稳脚跟，从此开始了创建以宁冈为大本营的井冈山革命根据地的斗争，点燃了"工农武装割

---

① 参见朱银亮：《袁文才、王佐事件始末》，《军事历史》1998 年第 5 期。

② 李元健：《"三大纪律八项注意"的形成与发展》，《军事历史》2020 年第 2 期。

据"的第一颗火种。井冈山根据地是第一个农村革命根据地，也是中国革命的新起点，党由此开始了"农村包围城市、武装夺取政权"的革命道路的伟大探索。此后，农村革命根据地以星火燎原之势在中国大地迅速铺开。

．　农村革命根据地的斗争实践使毛泽东"工农武装割据"的思想逐渐成熟。但是，当时党内在革命道路的问题上尚未统一思想，既有幻想以大城市为中心举行武装起义的"左"倾派，也有在强敌进攻面前怀疑革命根据地发展前途的右倾机会主义者，部分右倾机会主义者甚至提出了"红旗到底能打多久"的疑问。

1930 年 1 月 5 日，毛泽东给林彪写信批评当时党内存在的错误思想，这封信就是后来收入《毛泽东选集》第一卷的《星星之火，可以燎原》。在这封信中，毛泽东运用马克思主义唯物辩证法对国内政治局势和敌我力量对比进行了科学分析，批判了夸大革命主观力量的盲动主义和看不到革命力量发展的悲观思想，对建立和发展红色政权对中国革命的影响进行了全面评估，提出了农村包围城市、武装夺取政权的思想，明确指出："红军、游击队和红色区域的建立和发展，是半殖民地中国在无产阶级领导之下的农民斗争的最高形式"，"是促进全国革命高潮的最重要因素"[1]。

四、 新民主主义革命理论的形成

由于王明"左"倾教条主义的错误，致使中央革命根据地第五次

---

[1]《毛泽东选集》第一卷，人民出版社 1991 年版，第 98 页。

反"围剿"失败，红军被迫开始长征。中央政治局在长征途中举行了遵义会议，事实上确立了毛泽东在党中央和红军的领导地位，开始确立以毛泽东为主要代表的马克思主义正确路线在党中央的领导地位，开启了党独立自主解决中国革命实际问题的新阶段。毛泽东在这一时期撰写了《中国的红色政权为什么能够存在?》《反对本本主义》等文章，初步阐述了中国革命的一系列基本问题，毛泽东思想开始逐渐创立、发展和形成，开启了党的历史上把马克思主义基本原理同中国革命具体实际相结合的新阶段。

1935 年 10 月，中央红军经过二万五千里长征，到达陕北革命根据地，延安成为中国人民抗日战争的领导中心、解放战争的总后方、万众瞩目的革命圣地。在延安，中国共产党迎来了一位特殊的客人——埃德加·斯诺，他是在红色区域内进行采访的第一个西方新闻记者。1936 年 6 月，斯诺首次踏上了陕甘宁边区的土地，与许多中共领导人进行了深入交流，掌握了大量关于长征和中共革命情况的一手资料。其间，毛泽东与斯诺进行了多次谈话，其有正式的内容，也穿插着故事和闲谈，斯诺均留下了详细记录。

10 月底，斯诺离开延安，返回北平。在北平，斯诺通过多种形式向人们介绍延安的情况，试图向外界还原一个真实的、未被妖魔化的延安。斯诺发表了大量通讯报道，传播他在延安的见闻。1937 年斯诺在燕大新闻学会、历史学会召开会议时，放映了他拍摄的反映苏区生活的影像资料，国统区青年借由这些资料看到了毛泽东、周恩来、彭德怀等红军领袖的形象和苏区的真实情况。[①] 斯诺还将他在苏区的所

---

① 参见范雪：《到陕北去：燕京大学学生对斯诺〈红星照耀中国〉的翻译与接受》，《文艺理论与批评》2016 年第 4 期。

见所闻所感整理写成《西行漫记》一书，并在 1937 年 10 月在英国伦敦公开出版。此书出版后，立即受到了中外进步读者的追捧。1938 年 2 月，此书的中文译本在上海出版，更多人通过这本书认识了真正的中国共产党和红军。

这一时期，除了斯诺在塑造中国共产党正面形象方面所作的努力外，中国共产党内部在理论创新方面也取得了显著进展。当时国民党顽固派大肆进行反共宣传，为了驳斥这种不实宣传，把共产党关于中国革命及其前途的观点、中国向何处走的答案向全党和全国人民作说明，更好地引导中国革命的走向，毛泽东进行了大量的理论研究工作。1939 年底 1940 年初，毛泽东先后发表了《〈共产党人〉发刊词》《中国革命和中国共产党》《新民主主义论》等一系列著作，系统总结了中国革命的经验，完整阐述了新民主主义理论。1945 年，党的七大第一次明确把毛泽东思想确立为全党的指导思想，并庄严地写入党章。在毛泽东思想的正确指导下，1949 年 10 月 1 日，中华人民共和国成立，新民主主义革命取得基本胜利。

毛泽东根据中国的历史条件和当时的社会情况，对中国的革命特征和中国的革命规律进行了鞭辟入里的分析和研究，以马克思列宁主义关于无产阶级在民主革命中的领导权思想为理论基础，创立了无产阶级领导的，工农联盟为基础的，人民大众的，反对帝国主义、封建主义和官僚资本主义的新民主主义革命理论。新民主主义革命理论是毛泽东在对中国的革命实践进行了系统的研究和分析后，根据马克思主义基本原理同中国革命的具体实际相结合而发展起来的。新民主主义革命理论揭示了中国的革命规律，解决了中国在革命阶段的历史问题，为中国找到了出路，创造性地开展了马克思主义中国化。从更广阔的范围内来看，它为想要进行革命的相对落后国家提供了理论模板和实践范本。

新民主主义革命理论是马克思主义中国化的重要理论成果，开辟了马克思主义中国化的理论创新道路。1980 年，邓小平指出："毛主席最伟大的功绩是把马列主义的原理同中国革命的实际结合起来，指出了中国夺取革命胜利的道路……我们党在延安时期，把毛主席各方面的思想概括为毛泽东思想，把它作为我们党的指导思想。正是因为我们遵循毛泽东思想，才取得了革命的伟大胜利。"① 从这个意义上讲，新民主主义革命理论具有极大的创造性和创新性，是马克思主义基本原理同中国具体实际相结合的生动范例，是马克思主义中国化的开篇之作。

第三节　三大改造—— 社会主义革命

新中国成立后，党领导人民肃清国民党反革命残余势力，和平解放西藏，完成土地改革，赢得抗美援朝胜利，成功战胜政治、经济、军事等一系列挑战。此时摆在党和国家面前的时代课题是：如何实现从新民主主义向社会主义的转变？

---

① 《邓小平文选》第二卷，人民出版社 1994 年版，第 345 页。

一、 提出过渡时期总路线

1949 年 10 月 1 日，中华人民共和国成立，结束了旧中国长达一百多年的半殖民地半封建社会的历史。但是，在多年战争的摧残下，人民生活处于极端困苦的状态。新民主主义革命任务完成后，等待我们的下一个任务是进行社会主义革命，把经济文化相对落后的东方大国建设成为一个伟大的社会主义国家。党自成立之日起，就把实现社会主义作为自己的目标。可是关于资本主义向社会主义的过渡，马克思主义经典作家的论述并不多，俄国可提供的借鉴也很少，在这种情况下，党必须根据实际情况作出符合我国具体实际的战略规划。

早在 1949 年 3 月，党的七届二中全会就提出了由新民主主义向社会主义过渡的问题，"由新民主主义国家转变为社会主义国家"[①]被写进党的七届二中全会报告，坚持社会主义方向成为全党的共识。但是，进入社会主义并不是一朝一夕就可以实现的。从中华人民共和国成立，到建立社会主义制度，这是一个过渡时期。在这个过渡时期，我国共有社会主义国营经济、半社会主义的合作社经济、农民和手工业者的个体经济、私人资本主义经济、国家资本主义经济五种经济成分并存。在整个新民主主义过渡时期，社会主义经济因素不断发展壮大，逐步实现对农业、手工业个体经济和资本主义经济的社会主义改造。

到 1952 年底，国民经济恢复任务已基本完成，根据毛泽东的建

[①]《建党以来重要文献选编（1921～1949）》第二十六册，中央文献出版社 2011 年版，第 210—211 页。

议，党中央从我国当时的实际情况出发，提出了党在过渡时期的总路线，作为过渡时期各项工作的指南。过渡时期总路线通常概括为"一化三改"，也就是总路线的主体任务是实现社会主义工业化，同时实现对个体农业和手工业的社会主义改造以及对资本主义工商业的社会主义改造。1953 年 6 月 15 日，毛泽东在中共中央政治局扩大会议上第一次对党在过渡时期的总路线和总任务的内容作了比较完整的表述。这是一条社会主义改造和社会主义建设同时并举的总路线，它的根本思想，早在党的七届二中全会上就提出来了。1953 年 8 月，毛泽东第一次对过渡时期总路线作了比较完整的文字表述："从中华人民共和国成立，到社会主义改造基本完成，这是一个过渡时期。党在这个过渡时期的总路线和总任务，是要在一个相当长的时期内，逐步实现国家的社会主义工业化，并逐步实现国家对农业、对手工业和对资本主义工商业的社会主义改造。这条总路线是照耀我们各项工作的灯塔，各项工作离开它，就要犯右倾或'左'倾的错误。"[1] 随后，经过毛泽东再修改后，中宣部起草的关于党在过渡时期总路线的学习和宣传提纲，将过渡时期总路线载入党的正式文件。

在过渡时期，党创造性地开辟了一条适合中国特点的社会主义改造道路，通过农业合作化、手工业合作化与和平赎买，我国顺利实现生产资料私有制向社会主义公有制的转变，顺利从新民主主义社会迈进社会主义社会，实现了有史以来最为广泛而深刻的社会变革。

---

[1]《毛泽东年谱（1949—1976）》第二卷，中央文献出版社 2013 年版，第 201 页。

二、 推进农业合作化

农业是整个国民经济的基础，不仅为人民生活和工业发展提供粮食和原料，而且为工业提供市场。所以，农业生产落后不单纯是农业本身的问题，对国家工业的发展也会产生很大影响。土地改革完成后，农民成了土地的主人，农业生产有了一定的发展，农民生活也有了较大的改善，但是农业经济中小农经济所占比例依然比较大，土地和农具由各家分散使用，生产效率十分低下。

如何改变农民的个体所有制为集体所有制，是一项极其复杂的工作。当时，中国 5 亿农业人口中绝大部分都是从事小生产的个体农民，他们是小私有者，也是劳动者，更是民主革命的同盟军。对待他们，只能通过合作化的方式把他们组织起来，根据自愿互利的原则，引导他们走上社会主义道路。在党中央的号召下，农民积极响应，迅速组织起来。

河北省安平县南王庄的 3 户贫农王玉坤、王小其和王小庞，在村里刚开始办农业生产合作社的时候，表现出极大的热情，带头入社；当别人动摇、要求退社的时候，他们始终坚定办社的决心。克服各种各样的困难后，他们终于实现了增产，实现了大丰收。单干的时候，他们 3 户 40 亩地共收 6580 斤粮食；建社一年后，他们共收了 9950 斤粮食，相比上一年增产了 50 % 多。而一些条件相同的退社户平均每亩地只收了 150 斤粮食，比他们每亩地少收 90 多斤。① 后来，毛泽东赞

---

① 参见李凯、庆琛：《五亿农民的方向——记河北省安平县南王庄三户贫农坚持办社的经过》，《人民日报》1955 年 11 月 28 日。

扬他们说："这三户贫农所表示的方向，就是全国五亿农民的方向。一切个体经营的农民，终归是要走这三户贫农所坚决地选择了的道路的。"① 农业合作化道路是中国所特有的实现对农业进行社会主义改造的道路，这也是中国社会主义革命理论在马克思列宁主义社会主义革命理论基础上的创新性发展。

到 1956 年底，全国建立了 75.6 万个农业生产合作社，入社农户达 11783 万多户，占全国总农户的 96.3%。其中，高级社 54 万个，入社农户占全国总农户的 87.8%。② 这表明，农业合作化在全国范围内已经基本实现，我国农业生产资料私有制的社会主义改造已经基本完成。原来预计要三个五年计划才能完成的农业社会主义改造，结果不到五年就基本实现了，虽然在 1955 年夏季以后，农业合作化出现了一些步骤过急、工作过粗、形式过于简单划一的缺点，但仍然是一个伟大的胜利，是具有深远历史意义的伟大创举。

三、 和平赎买

如何实现对资产阶级的改造，是国际共产主义史上一直引人思考的大问题。马克思和恩格斯在《共产党宣言》中指出："无产阶级上升为统治阶级后，将运用自己的政治统治，夺取资产阶级占有的全部资本，并且尽可能快地增加生产力的总量。"③ 实现剥夺的方式有两种，一种是无偿没收，一种是和平赎买，采取哪种方式取决于各国的

---

① 《毛泽东文集》第六卷，人民出版社 1999 年版，第 424 页。
② 参见毕美家：《中国共产党领导合作社发展的百年历程和经验启示》，《中国农民合作社》2021 年第 7 期。
③ 《马克思恩格斯选集》第一卷，人民出版社 2012 年版，第 421 页。

历史条件和现实情况。十月革命胜利后，列宁提出对资本主义企业实行全面的工人监督，但是遭到资产阶级的反抗和抵制。资产阶级顽劣的态度迫使苏维埃政权不得不采取强制手段，无偿没收了资产阶级的生产资料，坚决地实行国有化，因此，列宁关于和平赎买的设想始终没有成为现实。

新民主主义革命胜利后，工人阶级领导的国家政权无偿没收了官僚资本，消灭了官僚资产阶级。对于民族资产阶级，国家则采取和平赎买的办法，把他们占有的生产资料逐步改变为社会主义全民所有，把民族资产阶级改造成为自食其力的劳动者。

同仁堂的公私合营是具有代表性的民族工商业改造案例。同仁堂始创于清康熙八年（1669），是我国久负盛名的中医药企业。北京解放前夕，同仁堂的经营状况十分危急，只能勉强度日。1949年3月，同仁堂成立国药业基金公会，由乐松生担任总经理。通过学习，他对中国共产党的民族工商业政策有了初步的了解，坚信在政治上、经营上都要紧紧跟随党和国家的步伐前进。同仁堂在随后的"五反"运动中也经历了一次检验，经审核和查证，被评为基本守法户。党和政府也一直关注着同仁堂的后续发展情况。乐松生目睹了党对民族资产阶级的保护，主动搞起了公私合营，并动员自己的家人接受公私合营。乐松生于1954年率先响应了国家的公私合营政策，带头递交了公私合营申请。公私合营后，企业利润按照"四马分肥"的原则分配，即将利润分成国家所得税、企业公积金、工人福利费、资方红利等四个部分。通过改善经营管理，"四马分肥"不仅没有减少民族资本家的收入，也对国家和企业工人十分有利。1955年，乐松生通过选举成为北京市人民委员会委员、市人大代表、市政协委员，后又出任北京市副市长。[1] 1956 年 1 月 15 日，北京市各界举行庆祝社会主义改造胜利联欢大会。在天安门城楼上，乐松生作为北京市工商界同业的代表向毛泽东、刘少奇、周恩来等党和国家领导人报喜。

中国成功实现了马克思、恩格斯和列宁曾经提出但一直未能实现的设想，并在实践中创造出了一整套把资本主义经济改造成为社会主义经济的经验，是重大的理论创新成果，为马克思列宁主义理论的发展做出了巨大贡献，在理论创新中丰富和发展了马克思列宁主义。

第四节 艰辛探索与成就——社会主义建设

在带领人民取得社会主义革命胜利、建立社会主义制度后，以毛泽东为代表的中国共产党人始终没有停下理论探索、发展和创新的步伐，反而对如何在中国这样一个经济文化落后的东方大国建设社会主义进行了艰辛探索，并随着社会主义建设的开展，提出了涉及经济、政治、文化、国防、外交等方面的关于中国社会主义建设的重要理论观点，形成了一系列关于社会主义建设的创新性理论成果。

一、 从走苏联的路到走自己的路

随着全国革命的胜利，党的工作重心由农村转移到城市，党的主

---

[1] 参见孙洪群、金永年：《公私合营前后的北京同仁堂》，《北京党史》2000 年第 4 期。

要任务由领导民主革命、夺取全国政权转变为管理和建设新中国。关于这一主要任务，毛泽东提出了一个著名论断："我们不但善于破坏一个旧世界，我们还将善于建设一个新世界。"① 简而言之，全国革命胜利后，党面临的主要任务是把新中国建成一个繁荣富强的现代化国家，这也是几代中华儿女孜孜以求的梦想。

奠基之初，新中国的建设者们，对内面对着的是"一穷二白"的家底，对外面临着帝国主义的重重封锁。中国是在经济文化落后、一穷二白的条件下开始进行社会主义建设的。毛泽东曾感慨说："现在我们能造什么？能造桌子椅子，能造茶碗茶壶，能种粮食，还能磨成面粉，还能造纸，但是，一辆汽车、一架飞机、一辆坦克、一辆拖拉机都不能造。"② "我们要进行伟大的国家建设，我们面前的工作是艰苦的，我们的经验是不够的。"③ 为了尽快改变这种局面，我们选择结合中国的实际需要，去学习、借鉴苏联社会主义的建设经验。

1952 年 8 月，周恩来、陈云率领中国政府代表团，带着我国"一五"计划初步草案赴苏联取经。毛泽东后来说："苏联政府根据它三十多年来的伟大社会主义建设的丰富经验，对于我国五年计划任务提出了各项原则的和具体的建议。这些建议将帮助我们在中国经济建设过程中尽可能地避免许多错误和少走许多弯路。"④ 可以说，"苏联模式"是我国进行社会主义建设的捷径，但是将别国建设模式移植中国也会出现水土不服的情况。此外，还有一个外部因素导致我国开始探索本国社会主义建设道路。

①《建党以来重要文献选编（1921~1949）》第二十六册，中央文献出版社 2011 年版，第 212 页。
②《毛泽东文集》第六卷，人民出版社 1999 年版，第 329 页。
③《毛泽东年谱（1949—1976）》第二卷，中央文献出版社 2013 年版，第 22 页。
④《毛泽东年谱（1949—1976）》第二卷，中央文献出版社 2013 年版，第 165 页。

　　1956 年，苏联共产党第二十次代表大会召开，这是苏联历史乃至国际共产主义运动史上的一个重要转折点。这次大会对斯大林在苏联的社会主义建设中所犯的重大失误和对其个人崇拜所带来的重大影响进行了深刻的揭露和批评，但是全盘否定斯大林领导苏联党和人民为社会主义而奋斗的历史，从而引发了社会主义阵营的极大震动和思想混乱。对此，中国共产党持反对态度，毛泽东形容赫鲁晓夫"揭了盖子，又捅了篓子"。赫鲁晓夫作的秘密报告表明，苏联、苏共、斯大林并不是全部正确的，破除了人们长期以来的迷信，但是无论在内容上或方法上，都有严重错误。从 20 世纪 50 年代后期开始，中苏之间的矛盾和冲突日渐加剧。在内外因素的综合作用下，我国开始思考走自己的社会主义建设道路。

　　1956 年 4 月，毛泽东在讨论《关于无产阶级专政的历史经验》稿时提出："最重要的是要独立思考，把马列主义的基本原理同中国革命和建设的具体实际相结合。民主革命时期，我们吃了大亏之后才成功地实现了这种结合，取得了新民主主义革命的胜利。现在是社会主义革命和建设时期，我们要进行第二次结合，找出在中国怎样建设社会主义的道路。"① "第二次结合"的提出成为之后"什么是社会主义、怎样建设社会主义"这个重大问题的思想基础，也是党进行理论创新的重要的认识论和方法论。

二、《论十大关系》与《关于正确处理人民内部矛盾的问题》

　　从 1956 年起，毛泽东和中央其他领导人开始考虑如何"以苏为

---

① 《毛泽东年谱（1949—1976）》第二卷，中央文献出版社 2013 年版，第 557 页。

鉴"的问题，中国共产党对社会主义建设道路的探索呈现出一个新的开端。

1956年4月25日至28日，毛泽东主持召开了中共中央政治局扩大会议，出席会议的有中央政治局委员和各省、市、自治区党委第一书记。在会上，他发表了著名的《论十大关系》的讲话。这篇讲话是他进行一个多月周密的、系统的经济工作调查研究后所得出的成果，而贯穿全篇的核心思想则是以苏为鉴，走中国自己的社会主义建设道路。讲话一开始，毛泽东就强调说："我们工作中间还有些问题需要谈一谈。特别值得注意的是，最近苏联方面暴露了他们在建设社会主义过程中的一些缺点和错误，他们走过的弯路，你还想走？过去我们就是鉴于他们的经验教训，少走了一些弯路，现在当然更要引以为戒。"[①]

1957年2月27日，最高国务会议第十一次（扩大）会议在北京开幕。毛泽东在会议上发表了一篇重要的报告，即《关于正确处理人民内部矛盾的问题》。当时，从国内来看，我国社会主义改造已经完成；从国际来看，社会主义阵营内部发生震动。在这种重大转变时期，毛泽东发表了这篇讲话，指出："现在我国的情况是：革命时期的大规模的急风暴雨式的群众阶级斗争基本结束，但是阶级斗争还没有完全结束。"[②] 伴随国内情况的变化，我们今后的主要任务是"正确处理人民内部矛盾的问题，以便团结全国各族人民进行一场新的战争——向自然界开战，发展我们的经济，发展我们的文化"[③]。

---

① 《毛泽东文集》第七卷，人民出版社1999年版，第23页。
② 《毛泽东文集》第七卷，人民出版社1999年版，第216页。
③ 《毛泽东文集》第七卷，人民出版社1999年版，第216页。

在这篇讲话中，毛泽东首次对社会主义社会中的两种社会矛盾进行了系统性论述。他对社会主义社会的各种矛盾进行了综合的剖析，指出要对敌我矛盾和人民内部矛盾两种不同的矛盾进行严格区分，较为系统地阐述了如何正确对待人民内部矛盾的方针、政策，并将正确地解决人民内部矛盾作为社会主义国家政治生活的主题，创造性地发展了马克思主义辩证唯物主义和历史唯物主义的矛盾学说，对马克思主义具有创新性发展和创造性贡献。

三、 百花齐放，百家争鸣

独立自主是毛泽东思想活的灵魂，这种意识不仅体现在探索中国式的经济建设方面，也充分体现在社会主义文化建设上。

新中国成立之初，中国戏曲界产生了一场激烈的争论。争论围绕不同的文化发展趋向展开，按照对待京剧的不同态度分为两派。一派认为，包括京剧在内的各种戏种都应该进行改造，否则难以适应社会发展的步伐；另一派持完全相反的观点，认为京剧是中国国粹，必须把它原汁原味地传承下去。毛泽东主张，要对各种风格流派的戏剧进行传承和发扬，取其精华，去其糟粕。因此，他特意题了八个大字——"百花齐放，推陈出新"，送给刚刚成立的中国戏曲研究院，激励他们处理好传承、学习与创新的关系。1953 年，史学家们就中国古代历史的分期问题产生了争论，毛泽东对此的观点是历史研究要"百家争鸣"。[①]

---

① 参见陈晋、朱薇：《面对知识分子》（下），《新湘评论》2020 年第 18 期。

新中国成立后的相当长一段时间里，学习苏联是我国社会生活的主旋律，学术研究也是向苏联学习，这带来了移植苏联模式的教条主义问题。一些学者将苏联的学术成果和研究结论奉为圭臬，同时给欧美学者的学术研究成果打上阶级标签，然后一概否认，甚至把政治色彩强加于自然科学研究。那时，苏联的李森科、米丘林学派和美国的摩尔根学派都是生物遗传学领域的主流，但是有人认为李森科学派是无产阶级的先进理论，而摩尔根学派则是资产阶级腐朽没落的观点。谈家桢是我国在国际上颇具影响力的生物学专家，也是摩尔根的学生，他始终坚持摩尔根学派的观点，结果因此而落选第一届中国科学院学部委员。毛泽东一直对这种给学术研究扣政治帽子的做法不以为然。在了解了这些情况后，毛泽东多次与谈家桢进行交谈，鼓励他继续研究下去，并给谈家桢创造良好的科研条件。① 毛泽东在探索经济建设上走自己的路的同时，也注意到了学术研究中存在的教条主义问题。1956 年春天，他关于文化艺术和学术研究应该走向何方的思考也已经成熟。他提出："艺术问题上的百花齐放，学术问题上的百家争鸣，我看应该成为我们的方针。"②

"百花齐放，百家争鸣"的"双百"方针提出后，受到了许多文学家、艺术家和科学家的热烈响应。但是苏联却对中国共产党和毛泽东打破苏联模式、走自己的路的尝试感到十分不满。

毛泽东没有因苏联人的不满意而却步，他坚信他的探索是正确的。他在有党外人士参加的最高国务会议上说："现在春天来了嘛，一百种花都让它开放，不要只让几种花开放，还有几种花不让它开

---

① 参见胡新民：《毛泽东的"两论"与孟德尔–摩尔根遗传学》，《党史博览》2022 年第 2 期。

② 《毛泽东文集》第七卷，人民出版社 1999 年版，第 54 页。

放，这就叫百花齐放。百家争鸣，是说春秋战国时代，二千年以前那个时候，有许多学派，诸子百家，大家自由争论。现在我们也需要这个。……在中华人民共和国宪法范围之内，各种学术思想，正确的、错误的，让他们去说，不去干涉他们。李森科、非李森科，我们也搞不清，有那么多的学说，那么多的自然科学学派。就是社会科学，也有这一派、那一派，让他们去谈。在刊物上、报纸上可以说各种意见。"① 在"双百"方针的指引下，中共中央又召开了知识分子会议和科学会议，为知识分子摘去了资产阶级的帽子，号召全党全国向科学进军。

在毛泽东思想指引下，中国人民不仅建立起独立的比较完整的工业体系和国民经济体系，为新时期社会主义现代化建设奠定了重要的物质基础，而且积累了社会主义建设的重要经验。以毛泽东为主要代表的中国共产党人提出的一系列关于独立自主探索社会主义建设道路的独创性理论，是中国特色社会主义理论体系的思想先导和理论生长原点，为改革开放和社会主义现代化建设新时期开创中国特色社会主义提供了重要的理论基础。这一时期的社会主义建设虽然经历了严重曲折，但是仍然取得了较大的成就，为社会主义建设积累了重要经验，同时为新的历史时期开创中国特色社会主义提供了宝贵经验、理论准备、物质基础，充分证明中国共产党带领中国人民"不但善于破坏一个旧世界，还善于建设一个新世界"。

---

①《毛泽东文艺论集》，中央文献出版社 2002 年版，第 144 页。

第五节　毛泽东思想——中国革命和建设时期的 理论创新成果

毛泽东思想是马克思列宁主义在中国的创造性运用和发展，是被实践证明了的关于中国革命和建设的正确的理论原则和经验总结，是马克思主义中国化的第一次历史性飞跃，是中国共产党集体智慧的结晶。在毛泽东思想指引下，中国共产党团结带领中国人民，不仅创造了新民主主义革命的伟大成就，而且创造了社会主义革命和建设的伟大成就。毛泽东思想实现了第一次马克思主义中国化的同时，展开了一百多年党的历史上的第一次马克思主义理论创新。

一、 马克思主义中国化的第一次历史性飞跃

马克思主义揭示了自然界、人类社会和人类思维发展的一般规律，是认识世界、改造世界的科学真理，具有普遍的指导意义，但是它的具体应用却要视各国具体情况而定。马克思主义没有穷尽真理，而是开辟了通向真理的道路，必须始终随着时代、实践、认识发展而发展。中国共产党自成立之日起，就面临如何实现马克思主义中国化的问题，即把马克思主义基本原理同中国革命的具体实际相结合，

"用马克思主义的立场、方法来解决中国问题，创造些新的东西"①。党的百年奋斗历史就是一部不断推进马克思主义中国化的历史，就是一部不断开辟马克思主义理论发展新境界的历史，就是一部不断用马克思主义解决中国实际问题的历史。毛泽东思想是马克思主义中国化的第一次历史性飞跃。

推进马克思主义中国化是一项伟大却又极其艰难的事业，这个过程注定不会一帆风顺，需要一代又一代既熟悉中国实际情况又扎实掌握理论的马克思主义者付出极大心血和汗水。毫无疑问，毛泽东是马克思主义中国化事业的开拓者和奠基人，毛泽东思想是马克思主义中国化史中绕不过的重要历史阶段。党的十九届六中全会通过的《中共中央关于党的百年奋斗重大成就和历史经验的决议》将毛泽东思想定性为"马克思主义中国化的第一次历史性飞跃"，充分肯定了毛泽东思想在马克思主义中国化史中的开拓性意义和奠基性地位，也充分展现了毛泽东思想对马克思主义基本原理的创造性运用和创新性发展。毛泽东思想是马克思主义中国化和马克思主义理论创新的重要的阶段性成果。

二、 毛泽东思想的重要价值

在 20 世纪 20 年代后期至 30 年代前期，中国共产党尚处于幼年阶段，理论准备和实践经验不足，不得不服从共产国际作出的一些不符合中国实际的指令。其中，共产国际对中国革命具有主导性的指导思

① 《毛泽东文集》第二卷，人民出版社 1993 年版，第 408 页。

想就是将俄国革命道路直接嫁接到中国，组织城市工人武装起义。当时的党中央根据共产国际指示奉行城市中心论，不断在大城市发动武装起义。毛泽东既不盲从共产国际的指示，也不刻板地坚持中共中央和湖南省委的决策。在湘赣边秋收起义失败之后，毛泽东直接带领起义队伍上了井冈山，建立了中国共产党领导的首个农村革命根据地。随后，毛泽东在长期的革命实践中继续总结中国革命的特点和经验，探索出了"农村包围城市，武装夺取政权"的具有中国特色的革命道路，创造性发展了马克思主义革命理论。

在抗日战争期间，毛泽东又对新民主主义革命的领导权、动力、对象、性质和前途等一系列重大问题作了较为系统而全面的论述，中国革命的经验和规律进一步得到总结，完整的新民主主义理论体系构建完成。中国共产党第一个马克思主义中国化伟大理论创新成果——毛泽东思想诞生了！

进入社会主义革命和建设时期，以毛泽东为主要代表的中国共产党人没有停止理论探索的步伐，继续以独创性的理论丰富和发展了马克思列宁主义关于社会主义革命和社会主义建设的理论。毛泽东领导中国共产党和中国人民，结合中国社会具体实际，创造性运用马克思主义基本原理，形成了中国自己的社会主义建设理论，积累了丰富的社会主义建设经验。

中国共产党在毛泽东思想的指引下，带领人民走上了一条正确的、胜利的革命道路，推翻了帝国主义、封建主义、官僚资本主义的压迫，建立起中华人民共和国，并在人口众多、经济文化落后的中国确立起社会主义制度，实现了社会主义革命，推进了社会主义建设，使中国发生了有史以来最深远、最重大的社会变革。在社会主义制度确立之后，毛泽东同志在坚持走中国特色的社会主义道路上做出了艰苦卓绝的努力，并在经济、政治、文化、国防和外交等方面提出重要观点，对社会主义建设理论做出了重大贡献。

三、 "毛泽东思想" 概念的提出

"毛泽东思想"这一科学概念并非一开始就形成了，而是经历了一个相对漫长的过程。

1941 年 3 月，党的理论工作者张如心在《论布尔什维克的教育家》一文中，首次使用了"毛泽东同志的思想"的提法。1943 年 7 月 5 日，王稼祥在《中国共产党与中国民族解放的道路》一文中，首次使用了"毛泽东思想"这个概念，指出"毛泽东思想就是中国的马克思列宁主义"。[1]

"毛泽东思想"的科学概念一经推出，就迅速为全党同志所认同。1943 年 7 月，刘少奇在《清算党内的孟什维主义思想》中呼吁全体党员"用毛泽东同志的思想来武装自己"，[2] 把毛泽东同志的指导贯穿于每一个工作环节，并用毛泽东的思想体系对党内孟什维主义思想进行彻底粉碎。[3]

1945 年 4 月 23 日至 6 月 11 日，中国共产党第七次全国代表大会在延安召开。党的七大通过的党章指出："毛泽东思想，就是马克思列宁主义的理论与中国革命的实践之统一的思想，就是中国的共产主

---

[1]《建党以来重要文献选编（1921~1949）》第二十册，中央文献出版社 2011 年版，第 436 页。

[2]《刘少奇选集》上卷，人民出版社 1981 年版，第 300 页。

[3] 参见仝华：《论毛泽东思想概念的提出及其被确立为党的指导思想》，《毛泽东研究》2019 年第 5 期。

义，中国的马克思主义。"① 党的七大通过的党章规定：中国共产党，以马克思列宁主义的理论与中国革命的实践之统一的思想——毛泽东思想，作为自己一切工作的指导方针，反对任何教条主义的或经验主义的偏向。②

在毛泽东思想的指导下，中国共产党不断从一个胜利走向另一个胜利。正如刘少奇所说："当着革命是在毛泽东同志及其思想的指导之下，革命就胜利，就发展；而当着革命是脱离了毛泽东同志及其思想的指导时，革命就失败，就后退。"③

四、 正确对待毛泽东和毛泽东思想

毛泽东思想作为马克思主义在中国的创造性运用和创新性发展，是中国共产党必须长期坚持的指导思想，是中国人民宝贵的精神财富。毛泽东思想一方面完美诠释了马克思主义，坚持马克思主义的立场、观点和方法；另一方面又完美体现了中华民族特色，充分继承了中华民族的智慧。毛泽东思想把马克思主义普遍真理与中国革命和建设的具体实践相结合，从而"把我国民族的思想水平提到了从来未有的合理的高度"④，将长期激励和指导我们前进。

毛泽东思想形成于新民主主义革命时期，在社会主义革命和建设时期得到完善和发展，是我们必须长期学习和坚持运用的马克思主义中国化的重要理论创新成果。不了解历史，就不能正确地认识和理解

---

① 《建党以来重要文献选编（1921～1949）》第二十二册，中央文献出版社 2011 年版，第 390 页。
② 《建党以来重要文献选编（1921～1949）》第二十二册，中央文献出版社 2011 年版，第 533 页。
③ 《刘少奇选集》上卷，人民出版社 1981 年版，第 334 页。
④ 《刘少奇选集》上卷，人民出版社 1981 年版，第 319 页。

目前的问题。毛泽东思想中蕴含的马克思主义基本原理、原则、立场、观点和方法，对于我们现在和将来的工作具有普遍性的指导意义。所以，在实际工作中，我们要不断地坚持和发扬毛泽东思想，认真地学习和应用毛泽东思想的立场、观点和方法，去研究新的形势和新的问题。

毛泽东是毛泽东思想的主要创立者。但是，不能将毛泽东思想与毛泽东本人画等号，更不能将毛泽东思想与毛泽东晚年的错误画等号。新时代的理论创新必须要坚持毛泽东思想，但是要避免两种错误倾向。第一种倾向是，由于毛泽东在晚年有过失误，而试图否定毛泽东思想蕴含的科学价值，否定毛泽东思想的指导作用，甚至否定毛泽东本人在我国革命和建设中的历史地位。第二种倾向是，以一种教条式的眼光看待毛泽东思想，认为毛泽东所讲的一切都是一成不变的，只会照搬，不肯实事求是地接受毛泽东同志在工作中的功与过，试图坚持毛泽东在晚年的错误。[①] 这两种倾向走向了两个极端，没有把经过长期历史考验形成为科学理论的毛泽东思想，同毛泽东同志晚年所犯的错误区别开来，都是大错特错。以实事求是的思辨精神对待毛泽东和毛泽东思想，是我们党在与错误思想斗争中得出的宝贵经验，也是党的理论创新的一条重要原则。

毛泽东思想是我们党的宝贵的精神财富，它将长期指导我们的行动。正确对待毛泽东和毛泽东思想，是党的理论创新历史进程中非常重大、非常严肃的一件事情。正如党的百年历史进程中第二个历史决议所指出："毛泽东思想为马克思列宁主义的理论宝库增添了许多新

---

① 参见徐永军：《胡乔木关于毛泽东思想的历史地位和作用的思考》，《党的文献》1997 年第 6 期。

的内容，我们应该把学习毛泽东同志的科学著作同学习马克思、恩格斯、列宁、斯大林的科学著作结合起来。因为毛泽东同志晚年犯了错误，就企图否认毛泽东思想的科学价值，否认毛泽东思想对我国革命和建设的指导作用，这种态度是完全错误的。对毛泽东同志的言论采取教条主义态度，以为凡是毛泽东同志说过的话都是不可移易的真理，只能照抄照搬，甚至不愿实事求是地承认毛泽东同志晚年犯了错误，并且还企图在新的实践中坚持这些错误，这种态度也是完全错误的。这两种态度都是没有把经过长期历史考验形成为科学理论的毛泽东思想，同毛泽东同志晚年所犯的错误区别开来，而这种区别是十分必要的。"①今天，站在全面建设社会主义现代化国家、全面推进中华民族伟大复兴的新征程上，回望中华人民共和国走过的 70 多年历程，我们仍然需要坚持马克思主义的立场、观点和方法，正确对待和评价改革开放前后的两个 30 年。正如习近平总书记在新进中央委员会的委员、候补委员学习贯彻党的十八大精神研讨班上的讲话中所指出："我们党领导人民进行社会主义建设，有改革开放前和改革开放后两个历史时期，这是两个相互联系又有重大区别的时期，但本质上都是我们党领导人民进行社会主义建设的实践探索。中国特色社会主义是在改革开放历史新时期开创的，但也是在新中国已经建立起社会主义基本制度、并进行了 20 多年建设的基础上开创的。虽然这两个历史时期在进行社会主义建设的思想指导、方针政策、实际工作上有很大差别，但两者决不是彼此割裂的，更不是根本对立的。不能用改革开放后的历史时期否定改革开放前的历史时期，也不能用改革开放前的

---

① 《三中全会以来重要文献选编》（下），人民出版社 1982 年版，第 836—837 页。

历史时期否定改革开放后的历史时期。要坚持实事求是的思想路线，分清主流和支流，坚持真理，修正错误，发扬经验，吸取教训，在这个基础上把党和人民事业继续推向前进。"①正确看待历史，客观辩证评价理论创新发展进程中的具体问题，是马克思主义世界观和方法论的重要认识论。坚持全面、客观、辩证地分析对与错、是与非，对于党的理论创新发展具有重要的理论和现实意义。

---

① 《习近平谈治国理政》，外文出版社 2014 年版，第 22—23 页。

第三章

马克思主义中国化新的飞跃：中国特色社会主义理论体系

　　进入改革开放和社会主义现代化建设新时期，中国共产党带领中国人民开辟了中国特色社会主义伟大事业。中国共产党人继续进行理论创新，形成了中国特色社会主义理论体系，实现了马克思主义中国化新的飞跃。

第一节　春天的故事响彻中国大地——改革开放

1978 年开始的改革开放实现了从"以阶级斗争为纲"到"以经济建设为中心"的伟大历史转折，为改革开放和社会主义现代化建设新时期的理论创新提供了肥沃的土壤。

一、粉碎"四人帮"

1976 年，对于中国来说，是极不平常的一年。1976 年 1 月 8 日，周恩来逝世。7 月 6 日，朱德逝世。7 月 28 日，唐山发生大地震，华北工业重镇顷刻间被夷为平地。9 月 9 日，毛泽东逝世。短短 9 个月的时间里，中国人民失去了 3 位杰出的党和国家领导人，全国笼罩在巨大的悲痛之中。与此同时，"四人帮"正加紧篡夺党和国家最高领导权。在党又一次面临生死存亡的危急关头，华国锋、叶剑英、李先念等老一辈无产阶级革命家挺身而出，果断采取措施，粉碎了"四人帮"，挽救了危局。

1976 年 10 月 6 日晚，华国锋、叶剑英召集中央政治局常委在中南海怀仁堂召开政治局常委会议，先后向张春桥、王洪文、姚文元宣布了对他们进行隔离审查的决定；同一时间，派人到江青在中南海的住处，对江青采取了同样的措施。当晚的玉泉山 9 号楼会议室灯火通明，从当晚 10 点到第二天早上 5 点，中共中央在这里召开政治局紧急会议，商议粉碎"四人帮"后党和国家的重大问题。会后，叶剑英第一时间向邓小平和其他被迫害的老同志分享了粉碎"四人帮"的喜讯。[①] 10 月 18 日，中共中央下发了《关于王洪文、张春桥、江青、姚文元反党集团事件的通知》，通报了"四人帮"的罪行，号召全党紧密团结起来，揭发批判"四人帮"。

粉碎"四人帮"的消息公布后，全国各族人民沉浸在胜利的喜悦之中，各地军民相继进行了规模盛大的游行和集会。从江南到漠北，从中原到边塞，各行各业的群众敲锣打鼓，扭起秧歌，走上街头，尽情狂欢。人们不约而同地准备了佳肴美酒，营造出"八亿神州举金杯"的动人景象。这种氛围也感染了不太能喝酒的词作家韩伟，他和身边其他人一样带着对未来生活的美好憧憬频频举杯，并以难以抑制的喜悦心情创作了《祝酒歌》的歌词。作曲家施光南收到这首歌的歌词后，立即进入创作状态，并在数日之内完成了乐曲的制作。施光南选取了激情澎湃、富于动感的新疆音调作为《祝酒歌》的创作蓝本，而这首歌的高潮更是独树一帜，充满了浓厚的民族色彩，令人热血沸腾、激昂澎湃。歌中唱道："十月里，响春雷，亿万人民举金杯，舒心的酒啊浓又美，千杯万盏也不醉，手捧美酒啊望北京，豪情啊胜过长江水……"形象地描绘出"四人帮"被粉碎后人民欢欣喜悦的心情和对未来的美好期许。

---

① 参见中共中央文献研究室中央档案馆《党的文献》编辑部：《中共党史风云录》，人民出版社 1990 年版，第 440—441 页。

二、 冲破 "两个凡是"

粉碎"四人帮"以后，"文化大革命"结束，党和国家的基本工作开始步入正轨。但长达十年的"文化大革命"造成的思想混乱和巨大破坏积重难返，"左"的思想禁锢依然是国家发展的严重阻碍，党和国家的工作在前进中出现徘徊的局面。

1977 年 2 月 7 日，《人民日报》、《红旗》杂志、《解放军报》发表社论——《学好文件抓住纲》。这篇社论在强调深入揭批"四人帮"是"当前的纲"，要"抓纲治国"的同时，公开提出"凡是毛主席作出的决策，我们都坚决维护，凡是毛主席的指示，我们都始终不渝地遵循"①，形成了"两个凡是"的错误方针。"两个凡是"是"文化大革命"和毛泽东晚年错误的延续，引起了广大干部群众的普遍不满。数年后邓小平回忆说："一九七七年二月我住在西山，看到有关'两个凡是'的提法，就感到不对，认为这不是马克思主义，不是毛泽东思想。"②

1977 年，在南京大学哲学院任教的胡福明撰写了一篇文章并投稿到《光明日报》，文章的题目是"实践是检验真理的标准"。经过报社理论部几番修改后，理论版哲学专栏打算刊登此篇文章。1978 年 4 月初，当时还在中央党校进修的《光明日报》新任总编辑杨西光看到文章清样后，认为这篇文章发表在哲学版未免有些可惜。中央党校理论研究室的孙长江正在写同一主题的文章，于是，他邀请孙长江与作

①《学好文件抓住纲》，《人民日报》1977 年 2 月 7 日。
②《邓小平年谱（1975—1997）》（下），中央文献出版社 2004 年版，第 943 页。

者一同研讨修改，加强文章的现实针对性。经过多次打磨修改，文章最终由孙长江定稿，文章的名字也被修改为"实践是检验真理的唯一标准"。为了使文章更具影响力，杨西光和中共中央党校哲学教研室主任吴江讨论决定，将文章首先刊登在中央党校内部刊物《理论动态》上，次日再在《光明日报》公开发表。胡耀邦同意了这种做法，并亲自审定了文章内容。1978 年 5 月 10 日，《理论动态》刊登《实践是检验真理的唯一标准》一文。11 日，《光明日报》以特约评论员名义公开发表此文。①

文章将批判的锋芒直指"两个凡是"，重申了实践是检验真理的唯一标准这一马克思主义认识论的基本观点，集中反映了广大人民群众的心声，在广大干部群众中激起强烈反响，关于真理标准问题的大讨论在全国范围内轰轰烈烈地展开。这是一场规模巨大、影响深远的思想解放运动，为正本清源、拨乱反正和对外开放清除了思想障碍，为党重新确立马克思主义的思想路线、政治路线和组织路线奠定了思想基础。正是因为这场席卷神州大地的思想解放运动，我们党才能从以前的思想束缚中解脱出来，重新思考理论和实践的关系，促进理论与实践的良性互动，加快理论创新的步伐。

三、 北方谈话

一个国家不能总是在发展的十字路口徘徊。"中国向何处去"成为当时摆在中国人民面前的头等问题，这既是人民的呼声，也是时代

---

① 参见于化民：《"两个凡是"的禁锢是如何打破的》，《党史博览》2008 年第 5 期。

的召唤。国际新形势、国内新情况要求党必须就关系党和国家前途命运的大政方针尽快作出政治决断和战略抉择。

1978年9月，邓小平应邀率中国党政代表团赴朝鲜参加朝鲜国庆30周年的庆祝活动。离开朝鲜回国后，邓小平没有直接返京，而是先后在本溪、大庆、哈尔滨、长春、沈阳、鞍山、唐山、天津等地进行了视察。邓小平一路走一路讲，先后发表了6次重要讲话，史称"北方谈话"。

在北方谈话中，邓小平阐述了当时中国社会生活中存在的重大问题和突出矛盾，号召在各个领域冲破禁区、解除僵化、解放思想、实事求是。邓小平说："我们是社会主义国家，社会主义制度优越性的根本表现，就是能够允许社会生产力以旧社会所没有的速度迅速发展，使人民不断增长的物质文化生活需要能够逐步得到满足。按照历史唯物主义的观点来讲，正确的政治领导的成果，归根结底要表现在社会生产力的发展上，人民物质文化生活的改善上。如果在一个很长的历史时期内，社会主义国家生产力发展的速度比资本主义国家慢，还谈什么优越性？我们要想一想，我们给人民究竟做了多少事情呢？我们一定要根据现在的有利条件加速发展生产力，使人民的物质生活好一些，使人民的文化生活、精神面貌好一些。"[1]

他还指出："世界天天发生变化，新的事物不断出现，新的问题不断出现，我们关起门来不行，不动脑筋永远陷于落后不行。"[2]

北方谈话的内容已经在一定程度上反映了邓小平同志对什么是社会主义、怎样建设社会主义问题的理论思考，既为即将开始的改革开放做好了舆论准备，也为中国特色社会主义事业的开启和中国特色社

---

[1]《邓小平文选》第二卷，人民出版社1994年版，第128页。
[2]《邓小平文选》第二卷，人民出版社1994年版，第128页。

会主义理论体系的形成奠定了思想基础。"北方谈话"消融了在人们心中积聚了多年的思想坚冰，唱响了中国进入改革开放和社会主义现代化新时期的前奏。

四、 伟大的历史转折

1978 年 11 月 10 日，中共中央在北京京西宾馆召开工作会议。按照会议原定议程，这次会议的主要议题是经济工作。陈云在分组讨论中提出要系统地解决历史遗留问题的意见，得到了与会者的响应，从而改变了会议议程。邓小平提出把党的工作重点转移到经济建设上来。对于这个重要提议，不少党员干部表示积极拥护并提出许多宝贵的建议。12 月 13 日下午，中央工作会议召开闭幕会。邓小平在会上作了《解放思想，实事求是，团结一致向前看》的重要讲话，指出："一个党，一个国家，一个民族，如果一切从本本出发，思想僵化，迷信盛行，那它就不能前进，它的生机就停止了，就要亡党亡国。"[1]邓小平的这个讲话，明确了党在未来一个时期的主要任务和前进方向，实际上成为随后召开的党的十一届三中全会的主题报告。

1978 年 12 月 18 日，中国共产党第十一届中央委员会第三次全体会议在北京召开。全会停止使用"以阶级斗争为纲"的口号，把全党的工作重点转移到社会主义现代化建设上来；坚决批判和否定了"两个凡是"的方针，重新确立了马克思主义的实事求是的思想路线；提出了改革开放的历史任务。党的十一届三中全会是中华人民共和国成立以来党的历史上具有深远意义的伟大转折，结束了 1976 年 10 月以

---

[1]《邓小平文选》第二卷，人民出版社 1994 年版，第 143 页。

来党和国家的工作在徘徊中前进的局面，解决了"中国向何处去"的问题，中国从此进入改革开放和社会主义现代化建设新时期。

"一九七九年，那是一个春天，有一位老人在中国的南海边画了一个圈。神话般地崛起座座城，奇迹般地聚起座座金山，春雷啊唤醒了长城内外，春晖啊暖透了大江两岸。啊，中国，啊，中国，你迈开了气壮山河的新步伐，你迈开了气壮山河的新步伐，走进万象更新的春天……"正如《春天的故事》所唱的那样，改革开放后，一个崭新的时代在中国缓缓拉开帷幕。

1978 年冬天，安徽省凤阳县小岗村的 18 户村民在分田和"包产到户"的包干责任书上按下"红手印"。小岗村 18 户村民的大胆尝试迈出了实行"包产到户"的重要一步，揭开了中国农村经济体制改革的序幕。1980 年 5 月 31 日，邓小平发表了一次重要讲话，他在讲话中充分肯定了小岗村实行的"大包干"的做法。1982 年 1 月 1 日，中国共产党正式发布了党的历史上第一个关于农村工作的一号文件，确认了"包产到户、包干到户"的社会主义集体经济性质。1983 年，"包产到户"被中央一号文件正式命名为"家庭联产承包责任制"。自那以后，家庭联产承包责任制不断得到巩固和完善。惠民的政策加上农民的辛勤付出，使广大农村地区逐渐摆脱了贫穷的帽子。[①]

随着农村改革的推进，对外开放开始有了重大突破。1979 年 7 月，中共中央、国务院同意在广东省的深圳、珠海、汕头三市和福建省的厦门市试办出口特区。1980 年 5 月，中共中央和国务院决定将深圳、珠海、汕头和厦门这四个出口特区改称为经济特区。经济特区把东南沿海地区乃至全国引上了经济增长的高速路，成为中国对外开放

---

① 参见郭占恒：《中国共产党和中国"三农"100 年——纪念中国共产党成立 100 周年》，《政策瞭望》2021 年第 5 期。

的重要窗口，迈出了中国走向世界的重要一步。

没有一个冬天不可逾越，没有一个春天不会来临。在中华民族发展的十字路口，我们做出了实行改革开放的正确抉择。习近平总书记在庆祝改革开放 40 周年大会上的讲话中指出："建立中国共产党、成立中华人民共和国、推进改革开放和中国特色社会主义事业，是五四运动以来我国发生的三大历史性事件，是近代以来实现中华民族伟大复兴的三大里程碑。"① 改革开放以来，我们党带领人民用心血和汗水绘就了一幅波澜壮阔的历史画卷，谱写了一曲气势磅礴的奋斗史诗，使久经磨难的中华民族在 21 世纪屹立不倒，使社会主义在东方古国焕发生机，使中国稳步踏上社会主义现代化强国建设的新征程。

第二节　成功开创中国特色社会主义——邓小平理论

邓小平理论是进入改革开放和社会主义现代化建设新时期后我们党的第一个理论创新成果，是中国特色社会主义理论体系的开篇之作。1978 年改革开放以后，以邓小平为主要代表的中国共产党人，团结带领全国各族人民，深刻总结新中国成立以来正反两方面的经验，围绕什么是社会主义、怎样建设社会主义这一根本问题，借鉴世界社会主义历史经验，创立了邓小平理论，成功开创了中国特色社会主义。邓小平理论在吸收和借鉴毛泽东思想中社会主义建设成功经验的

---

① 习近平：《在庆祝改革开放40周年大会上的讲话》，人民出版社2018年版，第4页。

基础上，坚持马克思主义基本原理，结合中国改革开放和社会主义现代化建设新的实际，在新时期改革开放和社会主义现代化建设实践经验的基础上，成功地开展了马克思主义中国化理论创新，开辟了马克思主义发展新境界。

一、　邓小平理论是中国特色社会主义理论体系的开篇之作

党的十一届三中全会拉开了改革开放的序幕，党领导全国各族人民在新的历史条件下开始了新的伟大革命。改革开放的过程始终伴随着各种声音。对此，以邓小平为主要代表的中国共产党人，在总结中国社会主义建设正反两方面经验特别是改革开放新鲜经验的基础上，同时借鉴世界社会主义历史经验，对"什么是社会主义、怎样建设社会主义"这一根本问题进行了深入思考和创造性回答，阐述了改革开放和社会主义现代化建设的一系列重大问题，创立了邓小平理论。

邓小平理论从新的实践和时代特征出发坚持和发展马克思主义，第一次比较系统地初步围绕"什么是社会主义、怎样建设社会主义"这个根本问题，回答了建设中国特色社会主义的一系列基本问题，在社会主义本质、社会主义初级阶段及基本路线、建设中国特色社会主义、基本实现社会主义现代化的发展战略等方面都取得了重大的理论创新成果，成功开创了中国特色社会主义，是中国特色社会主义理论体系的开篇之作。

党的十一届三中全会以后，在邓小平建设有中国特色的社会主义理论的指导下，我们进行了彻底的拨乱反正和全面改革，实现了从"以阶级斗争为纲"到"以经济建设为中心"、从封闭半封闭到改革

开放、从计划经济到社会主义市场经济的重大转折，成功地走出了一条具有中国特色的社会主义道路。邓小平理论在改革开放和社会主义现代化建设经验及实践基础上坚持马克思列宁主义、毛泽东思想，进一步推进了马克思主义基本原理与中国改革开放和社会主义建设的具体实际相结合，成功实现了马克思主义及其中国化成果基础上的理论创新。

二、 提出 "建设有中国特色的社会主义" 命题

早在 20 世纪 50 年代，中国共产党就曾思考适合中国的社会主义建设道路问题，并付诸实践。在探索社会主义建设道路的过程中，我们既取得了巨大成就，也经历了严重曲折。改革开放后，中国共产党带领中国人民在实践中逐渐开辟了一条符合中国国情的社会主义道路——中国特色社会主义道路。关于 "建设有中国特色的社会主义" 命题，邓小平一直在思考。

1981 年 7 月 18 日上午，邓小平以中共中央副主席的身份在人民大会堂会见了香港《明报》社的创始人和社长查良镛，这位社长还有一个更加广为人知的身份——武侠小说家金庸。这是邓小平第一次正式单独会见香港同胞，在国内外引起了轰动。两人谈话时谈到了社会主义建设，邓小平向金庸提出了一个问题："查先生，世界上有多少种社会主义？"金庸说："我想自从法国的傅立叶、圣西门、英国的欧文首先提出社会主义理论以来，世界上已有许多种社会主义。邓副主席，请您指教。"邓小平笑了笑说："我看世界上的社会主义，总有

100 多种吧,没有定规么,中国要走中国特色的社会主义道路。"①

党的十二大正式提出"建设有中国特色的社会主义"的命题。1982 年 9 月 1 日至 11 日,中国共产党第十二次全国代表大会在北京召开,邓小平主持了大会开幕式,并致开幕词。他在开幕词中提出:"把马克思主义的普遍真理同我国的具体实际结合起来,走自己的道路,建设有中国特色的社会主义,这就是我们总结长期历史经验得出的基本结论。中国的事情要按照中国的情况来办,要依靠中国人自己的力量来办。独立自主,自力更生,无论过去、现在和将来,都是我们的立足点。"② 从此,"建设有中国特色的社会主义"成为把全国各族人民凝聚在一起、进行改革开放和社会主义现代化建设的旗帜。

邓小平关于"走自己的路,建设有中国特色的社会主义"这一科学论断,准确而集中地概括了当时我们党所做的一切工作,反映了我们党对于社会主义的新理解,是我们党在新的历史时期对马克思主义科学社会主义理论进行发展的重大贡献。改革开放以来,我们党始终坚持以建设中国特色社会主义为主线,适时地对我国的改革开放事业和社会主义现代化建设实践进行系统的总结,并在理论上进行大胆探索和创新,逐渐形成了中国特色社会主义理论体系。

三、 提出社会主义初级阶段理论

在中国建设社会主义,必须思考的一个问题就是我们到底在何种条件、何种情况、何种国情下进行社会主义建设,因为只有明白自己

---

① 参见《观点搜索》:《理论与当代》2008 年第 9 期。
②《邓小平年谱(1975—1997)》(下),中央文献出版社 2004 年版,第 844 页。

站在何处，才能清楚离终点有多远，才能制定正确的路线图；只有看清楚中国的基本国情和所处的发展阶段，我们才能制定科学的战略规划，更加有条不紊地建设社会主义。

1977 年 10 月，邓小平指出："人们都说中国是个大国，其实只有两点大，一是人口多，二是地方大。就发展水平来说，是个小国，顶多也是个中小国家，连中等国家都算不上。"① 1978 年 8 月，他又说："各国的发展阶段不同，消灭资本主义，建立共产主义，这是一个很长的历史过程。"② 1979 年初，在中共中央召开的理论工作务虚会上，与会专家就社会主义发展阶段问题也进行了较深入的讨论。在此基础上，1979 年 9 月，经党的十一届四中全会讨论通过、由叶剑英作的《在庆祝中华人民共和国成立三十周年大会上的讲话》明确指出：中国的社会主义制度"还不完善，经济和文化还不发达""还处在幼年时期""在我国实现现代化，必然要有一个由初级到高级的过程"③。

在党的正式文献中，第一次明确使用社会主义"初级阶段"的概念，是 1981 年 6 月党的十一届六中全会通过的《关于建国以来党的若干历史问题的决议》。《关于建国以来党的若干历史问题的决议》指出："尽管我们的社会主义制度还是处于初级的阶段，但是毫无疑问，我国已经建立了社会主义制度，进入了社会主义社会，任何否认这个基本事实的观点都是错误的。"④ 一年后，党的十二大报告强调了"我国的社会主义社会现在还处在初级发展阶段"的论断，并强调指出我国初级发展阶段的社会主义"物质文明还不发达"。

①《邓小平思想年谱（1975—1997）》，中央文献出版社 1998 年版，第 48 页。
②《邓小平年谱（1975—1997）》（上），中央文献出版社 2004 年版，第 352 页。
③《三中全会以来重要文献选编》（上），人民出版社 1982 年版，第 185、192、203 页。
④《改革开放三十年重要文献选编》（上），人民出版社 2008 年版，第 212 页。

20世纪70年代后期以后，中国共产党在对我国国情的再认识和对国内外社会主义发展深刻反思的基础上，进行了社会主义发展阶段的理论创新。社会主义初级阶段理论的提出，为中国的社会主义建设指明了方向，也为构建中国特色社会主义理论体系大厦奠定了坚实的基石，是对马克思主义科学社会主义阶段理论的重大创新性发展。

四、 南方谈话

20世纪80年代末90年代初，东欧剧变、苏联解体，社会主义陷入前所未有的低潮，对中国共产党及中国产生了极大的冲击和影响；而在国内，我国的经济体制改革与对外开放实践也面临严重的困境，改革开放在理论上遭遇诸多难题和困扰。国内外的巨大变化，引起了社会上对改革的激烈争论，一些人的理想信念开始动摇，对改革开放产生疑虑，对有中国特色的社会主义道路产生怀疑。改革开放的方向是否正确？中国的改革还要不要继续？改革开放正遭遇前所未有的严峻挑战，面临向何处去的关键抉择。

在这关键时刻，邓小平作为中国改革开放的总设计师挺身而出，力排众议，引领建设有中国特色社会主义事业继续前进。1992年1月18日至2月21日，当时已正式告别中央领导岗位的邓小平，以普通党员的身份，怀揣对党和人民伟大事业的深切期待，先后赴武昌、深圳、珠海和上海视察，沿途发表了重要谈话。

1992年1月20日上午，邓小平在相关人员的陪同下，乘坐电梯登上了深圳国际贸易中心大厦，50层楼的高度使深圳市貌一览无余。深圳市委书记李灏首先向邓小平作了一个有关深圳市貌的简单讲解，然后就城市的建设情况和发展规划作了简单的报告。邓小平听取了他的报告，对深圳的发展和取得的重大成绩给予了高度评价。邓小平在充分肯定特区的建设成就时指出："深圳的重要经验就是敢闯。没有一点闯的精神，没有一点'冒'的精神，没有一股气呀、劲呀，就走不出一条好路，走不出一条新路，就干不出新的事业。不冒点风险，办什么事情都有百分之百的把握，万无一失，谁敢说这样的话？一开始就自以为是，认为百分之百正确，没那么回事，我就从来没有那么认为。"① 邓小平接着说："改革开放迈不开步子，不敢闯，说来说去就是怕资本主义的东西多了，走了资本主义道路。要害是姓'资'还是姓'社'的问题。判断的标准，应该主要看是否有利于发展社会主义社会的生产力，是否有利于增强社会主义国家的综合国力，是否有利于提高人民的生活水平。"②

22 日这一天，邓小平同省市负责人进行重要谈话。当谈到社会主义的本质时，邓小平明确指出："社会主义的本质，是解放生产力，发展生产力，消灭剥削，消除两极分化，最终达到共同富裕。"③ 邓小平关于社会主义本质的论述，是对科学社会主义理论的一次重要理论创新发展。这个理论回答了如何在坚持社会主义根本原则的前提下继续推动我国的改革开放，如何使我国的改革开放朝着中国特色社会主义发展道路稳步前行。它澄清了与社会主义发展不相适应的模糊概念，加深了人们对社会主义的理解，是体现人民根本利益和时代需要的理论创新。

---

① 《邓小平文选》第三卷，人民出版社 1993 年版，第 372 页。
② 《邓小平文选》第三卷，人民出版社 1993 年版，第 372 页。
③ 《邓小平文选》第三卷，人民出版社 1993 年版，第 373 页。

邓小平在谈话中还着力论述了社会主义市场经济问题。他说："计划多一点还是市场多一点，不是社会主义与资本主义的本质区别。计划经济不等于社会主义，资本主义也有计划；市场经济不等于资本主义，社会主义也有市场。计划和市场都是经济手段。"[①] 改革开放以来，社会主义能不能搞市场经济一直是个争论不休、没有定论的问题。对于这个问题，邓小平给出了一个十分明确、透彻、精辟的回答，从本质上冲破了以往的思想束缚，打破了过去多年的经济模式，为全面的经济体制改革提供了扎实的理论依据。

在南方谈话中，邓小平还提到了学习和对待马克思主义的正确态度和方法。他说："学马列要精，要管用的。长篇的东西是少数搞专业的人读的，群众怎么读？要求都读大本子，那是形式主义的，办不到。我的入门老师是《共产党宣言》和《共产主义 ABC》。最近，有的外国人议论，马克思主义是打不倒的。打不倒，并不是因为大本子多，而是因为马克思主义的真理颠扑不破。实事求是是马克思主义的精髓。要提倡这个，不要提倡本本。"[②] 这一科学论断，不仅揭示了学习马克思主义的目的、态度和方法，而且对学习和运用马克思主义提出了更高的要求。什么是"管用"？在邓小平看来，中国共产党人之所以要学习马克思主义，就在于运用马克思主义指导我们的行动，解决中国革命、建设和改革中遇到的现实问题。邓小平也始终以这种务实的态度对待马克思主义，在学习马克思主义的同时，还创新发展马克思主义。

邓小平于 1 月 23 日上午离开深圳。临行前，邓小平乘车参观了

---

①《邓小平文选》第三卷，人民出版社 1993 年版，第 373 页。
②《邓小平文选》第三卷，人民出版社 1993 年版，第 382 页。

蛇口工业区，并殷切地叮嘱深圳市负责人："你们要搞得快一点。"①

南方谈话深刻回答了长期束缚人们思想的许多重大认识问题，是把改革开放和社会主义现代化建设推进到新阶段的又一个解放思想、实事求是的宣言书，也是邓小平理论坚持马克思主义基本原理、对马克思主义进行理论创新的集大成。

第三节　把中国特色社会主义全面推向 21 世纪
——"三个代表"重要思想

党的十三届四中全会以后，国内外形势十分复杂。从国际来看，持续 40 余年的两极格局突然瓦解，国际共产主义运动陷入低潮。从国内来看，资产阶级自由化思潮盛行，社会上出现了较为严重的思想混乱。以江泽民为主要代表的中国共产党人，坚持党的实事求是的思想路线，与时俱进、开拓创新，积极应对国内外各种风险和挑战，坚决捍卫中国特色社会主义，依据时代和实践的新要求，确立了社会主义市场经济体制的改革目标和基本框架，确立了社会主义初级阶段的基本经济制度和分配制度，实施科教兴国等多项重大战略，开创和推进党的建设新的伟大工程，提出和形成了"三个代表"重要思想，开启了马克思主义理论发展的新阶段，成功把中国特色社会主义推向了21 世纪。

---

① 《邓小平年谱（1975—1997）》（下），中央文献出版社 2004 年版，第 1336 页。

一、　建立社会主义市场经济体制

1978 年，以党的十一届三中全会的召开为标志，我国走上了改革开放的道路，党把工作重心转移到经济建设上来。经济建设中一个重大问题就是经济体制改革。邓小平南方谈话的发表，从根本上消除了把计划经济和市场经济看作属于社会基本制度范畴的思想束缚，使人们在计划与市场关系问题的认识上有了新的重大突破。由于人们的思想又一次得到解放，理论界掀起了空前的关于建立新型社会主义经济体制的大讨论。在讨论中，逐步形成了三种有代表性的提法：一是建立计划与市场相结合的社会主义商品经济体制，二是建立社会主义有计划的市场经济体制，三是建立社会主义的市场经济体制。[①] 究竟哪一种提法能切实符合我国经济发展的实际状况，能真正适应改革深入发展的现实需要，能广泛体现我国亿万人民群众的共同意愿呢？这是摆在中国共产党和中国人民面前的一个重大课题。

围绕上述三种观点，党中央就即将召开的党的十四大到底应该确立何种经济体制作了慎重思考。1992 年 6 月 9 日，江泽民在中共中央党校省部级干部进修班上所作的报告中指出："在党的十四大报告中，总得最后确定一种大多数同志都赞同的有关经济体制的比较科学的提法，以利于进一步统一全党同志的认识和行动，以利于加快我国社会主义的新经济体制的建立。"[②] 他表示："我个人的看法，比较倾向于使用'社会主义市场经济体制'这个提法。"[③] 6 月 12 日，邓小平同

---

①《江泽民文选》第一卷，人民出版社 2006 版，第 201—202 页。
②《江泽民文选》第一卷，人民出版社 2006 年版，第 202 页。
③《江泽民文选》第一卷，人民出版社 2006 年版，第 202 页。

江泽民谈话时，肯定了关于"社会主义市场经济"的提法，邓小平说，"赞成这个提法，如果大家都同意，十四大就以这个为主题"①。随后，中共中央征求了各省市区的意见，大家都同意这个提法。

1992 年 10 月，江泽民在党的十四大报告中郑重指出："我国经济体制改革的目标是建立社会主义市场经济体制，以利于进一步解放和发展生产力。"② 至此，建立社会主义市场经济体制的目标正式确立。社会主义市场经济体制改革目标的确立，是改革开放以来党不断深化对计划和市场关系认识的必然结果，是社会主义经济理论的重大飞跃和突破，是对马克思主义政治经济学理论的重大创造性运用和创新性发展，标志着中国改革开放和社会主义现代化建设事业跃上了一个新台阶，马克思主义理论创新又前进了一大步。

建立社会主义市场经济体制，是前无古人的开创性事业，从何做起、如何推进，更是千头万绪。构建社会主义市场经济体制是一项复杂的系统工程，既要营造良好的宏观经济运行条件，又要构建一整套具有生机活力的微观运行机制。江泽民坚持在将马克思主义基本原理与我国具体实际相结合的基础上进行理论创新，将社会主义的制度优势与市场经济的体制优势相结合，破解了我国在建设社会主义市场经济体制过程中遇到的许多难题。例如在所有制的问题上，他强调既不能脱离生产力发展水平搞单一公有制，又不能动摇公有制主体地位搞私有化，最终确立了坚持以公有制为主体、多种经济成分共同发展的基本经济制度。又如在国有企业问题上，江泽民明确指出："搞好国有大中型企业，是建立社会主义市场经济体制的主要内容和重要保

①《江泽民文选》第二卷，人民出版社 2006 年版，第 529 页。
②《改革开放三十年重要文献选编》（上），中央文献出版社 2008 年版，第 659 页。

证。"① 打消了当时存在的关于国有企业与市场经济能否兼容的疑虑。他的这些论述，为加快建立社会主义市场经济体制提供了广阔的思路。

二、 党的建设新的伟大工程

21世纪初，我国经济体制经历了从计划经济体制到社会主义市场经济体制的转型，社会经济成分、组织形式、就业方式、利益关系、社会资源配置方式等方面都不可避免地发生了巨大变化，这些变化对社会产生了深远的影响。因此，西方出现了唱衰中国的声音，认为中国的变革必将走向西化、分化，进而演变成为政权崩溃和社会解体，重走苏联的老路。

党中央对当时面临的新形势进行了科学剖析，在发展社会主义市场经济的大环境下，采取一系列重大举措加强和改进党的建设。1994年9月，党的十四届四中全会通过的《中共中央关于加强党的建设几个重大问题的决定》，把新时期党的建设提到"新的伟大工程"的高度，明确提出了党的建设的总目标。党的十五大把这个总目标进一步表述为："要把党建设成为用邓小平理论武装起来、全心全意为人民服务、思想上政治上组织上完全巩固、能够经受住各种风险、始终走在时代前列、领导全国人民建设有中国特色社会主义的马克思主义政党。"②

20世纪90年代末，中国共产党掀起了声势浩大的反腐败风暴。按照党中央的决策和部署，严肃查处了一批职级高、金额大、人数

---

① 江泽民：《论社会主义市场经济》，中央文献出版社2006年版，第106页。
②《十五大以来重要文献选编》（上），人民出版社2000年版，第45页。

多、作案手段隐蔽、案情错综复杂、在国内外有重大影响的大案要案，严厉惩治了一批腐败分子。1999 年案发的厦门远华特大走私案，曾被中央电视台新闻频道这样评论："这个案件在新中国历史上有三大：涉案金额最大，牵涉贪官数量最大，给国家造成的损失最大。"这起堪称跨世纪的经济犯罪大案，因其涉案金额之大、人员之多、经济犯罪和腐败问题之严重，在国内外均受到高度关注。当听到厦门远华特大走私案办案人员说，这些人有强有力的庇护者或者说后台，江泽民鲜明表示，要对腐败分子进行坚决查处，并对办案同志说："现在我就是你的后台，没有人的级别比我更高！"① 这极大鼓舞了办案人员的信心，有力推进了案件查办工作。在中央专案组审理远华走私案期间，共有 600 多名涉案人员被审查，近 300 人被追究刑事责任，此案涉及的国家工作人员遍布厦门海关、公安机关、商检局、税务系统、金融系统等要害部门，涉案人员最高级别至公安部副部长级。远华案等一系列大案要案的查处，展现了党中央永远与人民站在一起，坚决打击腐败、严惩损害人民利益的腐败分子的坚定立场，有力地打击了腐败分子的嚣张气焰，彰显了党反腐败的决心和力度。②

三、"三个代表"重要思想

时代呼唤着新的思想，实践孕育着新的理论。党在世纪交替的新的历史时期如何在市场经济环境中实现长期执政，如何把十几亿中国人民团结起来继续为中国特色社会主义事业而奋斗，如何适应世界进

---

① ［美］罗伯特·劳伦斯·库恩：《他改变了中国：江泽民传》，谈峥、于海江等译，上海译文出版社 2005 年版，第 321 页。

② 参见甄占民主编：《常青之道：中国共产党自我革命的故事》，中共党史出版社 2021 年版，第 264 页。

步潮流，始终保持自身先进性，永远立于不败之地，是当时党面临的重大考验，也是中国共产党人必须认真思考并回答的理论问题。

在世纪之交的关键时刻，为了实现党和国家的长治久安，江泽民认真思考并回答了党面临的时代问题。2000 年 2 月，江泽民在广东省的高州、深圳、广州等地视察工作时发表讲话。他指出："总结我们党七十多年的历史，可以得出一个重要的结论，这就是：我们党所以赢得人民的拥护，是因为我们党在革命、建设、改革的各个历史时期，总是代表着中国先进生产力的发展要求，代表着中国先进文化的前进方向，代表着中国最广大人民的根本利益，并通过制定正确的路线方针政策，为实现国家和人民的根本利益而不懈奋斗。人类又来到一个新的世纪之交和新的千年之交。在新的历史条件下，我们党如何更好地做到这'三个代表'，是一个需要全党同志特别是党的高级干部深刻思考的重大课题。"[①] 这是江泽民第一次完整地提出"三个代表"重要思想。

为了深刻揭示"三个代表"重要思想的丰富内涵，从 2000 年 5 月至 2001 年 6 月，江泽民以加强党的建设作为调研的重点，先后深入多个省、市、自治区进行考察，主持召开了近 30 次党建工作座谈会，听取了各方面的意见和建议。2001 年 7 月 1 日，在庆祝中国共产党成立 80 周年大会上的讲话中，江泽民全面阐述了"三个代表"重要思想的理论内涵。2002 年 5 月，江泽民在中共中央党校省部级干部进修班毕业典礼上的讲话中，进一步阐述了"三个代表"重要思想的理论性质和落实要求。2002 年 11 月召开的党的十六大，全面系统阐释了"三个代表"重要思想，并将其作为党的指导思想写入了党章。[②]

[①] 江泽民：《论"三个代表"》，中央文献出版社 2001 年版，第 2 页。
[②] 参见《中共中央文献研究室个人课题成果集 2011 年》（下），中央文献出版社 2012 年版，第 522 页。

"三个代表"重要思想以一系列新思想、新观点、新论断，创造性地回答了建设一个什么样的党、怎样建设党的问题，深化了党对自身建设规律的认识，开辟了马克思主义建党学说中国化的新境界，实现了马克思主义建党学说在世纪之交的理论创新。

第四节　在新形势下坚持和发展中国特色社会主义——科学发展观

马克思主义中国化是一个一脉相承又与时俱进的理论创新发展过程。进入新世纪新阶段，中国特色社会主义建设实践的不断发展，对马克思主义在中国的新发展提出了新要求。站在新的历史起点上，围绕实现什么样的发展、怎样发展的重大问题，以胡锦涛为主要代表的中国共产党人依据世情、国情和党情的新变化，提出了科学发展观，强调坚持以人为本、全面协调可持续发展，积极完善社会主义市场经济体制、全面建设小康社会，沉着应对国内外经济发展新挑战、统筹谋划经济发展新格局，提出构建社会主义和谐社会、注重保障和改善民生，推动社会主义文化大发展大繁荣、建设社会主义文化强国，致力于建设和谐世界，从而成功在新的历史起点上坚持和发展了中国特色社会主义。

一、　形成科学发展观

2003年春夏之交，一场非典型肺炎疫情突如其来。这是一种传染性强且没有特别有效的预防治疗办法的传染病，加上我国人口多、流动性大，一些地方和部门在应对突发公共卫生事件上准备不足，疫情蔓延很快，其中广东、北京等地的疫情尤为严重，人民的生命随时有可能受到威胁。[①]

"非典"像一面镜子，清晰地映照出我国发展中存在的问题。我国的经济发展和社会发展、城市发展和农村发展还不够协调；我国的公共卫生服务水平较低，医疗服务系统有一定的不足；部分地区和部门在紧急情况下，应对和处置突发事件的能力不强，采取的措施也不当，等等。也就是说，我们的发展是不全面、不协调、不可持续的。

我们党坚持防治"非典"和经济建设两手抓的工作思路，在坚持以经济建设为中心的基础上，带领全国人民同"非典"进行了一场艰苦卓绝的斗争。广东是当时疫情最为严重的地区，在这一艰难的时期，胡锦涛亲自到广东进行了视察。4 月 15 日，广东省委省政府向胡锦涛作了有关当前工作的汇报。针对发展中存在的问题，尤其是"非典"疫情迅速蔓延集中暴露出的薄弱环节和突出问题，胡锦涛强调要坚持"全面的发展观"，积极探索加快发展的新路子。7 月 28 日，全国防治"非典"工作会议在北京召开。在这次会议上，胡锦涛对发展观的问题第一次进行了阐述，并在全面总结抗击"非典"斗争经验时，第一次用"全面发展、协调发展、可持续发展"的表述来概括正在探索中的"发展观"。在分析发展与增长概念的异同时，胡锦涛指出，"这里的发展绝不只是指经济增长，而是要坚持以经济建设为中心，在经济发展的基础上实现社会全面发展"[②]。在我们党的历史上，尤其是在中华人民共和国成立以后的历史上，"发展"是一个老生常

① 参见陈理：《构建社会主义和谐社会的提出》，《当代中国史研究》2012 年第 6 期。
②《胡锦涛文选》第二卷，人民出版社 2016 年版，第 67 页

谈的话题。"发展"是一个具有丰富内涵的词汇，我们党对其的解读也从未局限在"经济增长"这一单一侧面，只不过在各个时期，强调的重点各不相同。但是，在实践中，特别是随着改革开放后党的工作重心围绕经济建设展开，人们常常会混淆两者之间的科学界线，将发展看成是经济的发展，因此在促进发展过程中，更多地注重数量和速度，而忽视了质量和效益。清晰地认识发展和经济增长的相似性和差异性，突出发展的深远内涵，是破解实现什么样的发展、怎样发展这个重大理论和实践问题的关键一环。对发展的内涵进行清晰的定义，不仅是全面建设小康社会的必然要求，更是构建科学发展观的重中之重。[①]

2003 年 10 月，党的十六届三中全会通过《中共中央关于完善社会主义市场经济体制若干问题的决定》，强调要"坚持以人为本，树立全面、协调、可持续的发展观，促进经济社会和人的全面发展"[②]。这是"以人为本"这一概念第一次被写入党的正式文件。"以人为本"的提出，使科学发展观得到极大充实和升华。胡锦涛在《搞好宏观调控，促进科学发展》《在中共十六届六中全会第二次全体会议上的讲话》《不断深化对科学发展观的认识，努力开创科学发展的新局面》等重要文献中，以总结加强和改善宏观调控、推动经济社会平稳较快发展新经验的方式，深入阐发了党对科学发展观的新认识。[③]

2012 年，党的十八大把科学发展观作为党的指导思想写入党章，充分体现了科学发展观是马克思主义基本原理与中国特色社会主义建设的具体实际相结合的产物，是世纪之初党和国家工作经验的全面总

---

① 参见张宁：《科学发展观形成发展的过程及特点》，《马克思主义与现实》2012 年第 3 期。

②《十六大以来重要文献选编》（上），中央文献出版社 2005 年版，第 465 页。

③ 参见张宁：《科学发展观形成发展的过程及特点》，《马克思主义与现实》2012 年第 6 期。

结，是党对马克思主义理论在世纪之初的重大理论创新。

二、　构建和谐社会

随着改革发展进入关键时期，中国特色社会主义建设面临的各种挑战和风险增加，社会矛盾愈加凸显。有资料显示，1994 年全国群体性事件还只是 1 万多起，而到 2004 年则上升为 7.4 万多起，10 年间增加了 6 倍多，参与人数也从 73 万人次上升到 376 万人次。群体性事件的表现形式多种多样，如集体上访，集体怠工、罢工，非法集会、游行、示威，骚乱、暴乱、大众恐慌等，几乎涉及城市、农村、企业、机关、学校等各个领域。其中，瓮安"6.28"严重打砸抢烧突发性事件，无论是从参与、聚集、围观的人数，持续的时间，还是从冲突的激烈程度、造成的经济损失和社会影响来看，都算得上是当时几年中群体性事件的典型代表。社会领域的各种矛盾开始集中显现，特别是群体性事件的频发，使我们党进一步认识到在发展经济的同时加强社会建设的重要性和紧迫性。[①]

早在党的十六大报告中，就明确地提出要促进"社会更加和谐"。党的十六大报告最大的亮点之一就是将"和谐"引入社会建设的范畴，提出了"社会和谐"这个新概念，并明确把它作为党的奋斗目标的一项重要内容。这个概念是我们党在深刻理解"什么是社会主义、怎样建设社会主义"问题基础上实现的一个新突破。在改革开放以前，我们多以教条式的理解解读马克思主义，常常讲斗争多、讲和谐少。把"和谐"的概念用在党的代表大会的政治报告中，在我们党的

[①] 参见陈理：《构建社会主义和谐社会的提出》，《当代中国史研究》2012 年第 6 期。

历史上无疑具有开创意义。由此，中国在推进中国特色社会主义事业的进程中，社会建设成为整体中不可或缺的一部分，构成了中国特色社会主义现代化建设的一个重要方面。当然，党的十六大也仅仅是说要让"社会更加和谐"，而没有正式提出"和谐社会"。①

在全面建设小康社会的过程中，实践促进理论进一步深化。党根据形势的发展，正式提出了建设社会主义和谐社会。在 2006 年 2 月《关于构建社会主义和谐社会的几个问题》的讲话中，胡锦涛指出，"实现社会和谐是中国特色社会主义的本质属性"②。2007 年 10 月 15 日，在党的十七大报告中，胡锦涛再次强调："社会和谐是中国特色社会主义的本质属性。科学发展和社会和谐是内在统一的。没有科学发展就没有社会和谐，没有社会和谐也难以实现科学发展。"③ 这一认识过程充分体现胡锦涛对中国特色社会主义社会本质属性的准确理解和深刻把握，也进一步丰富和发展了中国特色社会主义理论。

和谐社会理论是中国共产党对马克思主义关于社会主义社会建设理论的一次理论创新，体现了中国共产党人对中国特色社会主义建设发展规律的新理解，体现了我们党对执政规律、执政能力、执政方略、执政方式认识的深化。

三、 建设和谐世界

一个国家的经济崛起从来都预示着它将发挥更大的政治和文化影响力。随着中国逐渐走近世界舞台的中央，中国对世界经济的影响

---

① 参见陈理：《构建社会主义和谐社会的提出》，《当代中国史研究》2012 年第 6 期。
②《胡锦涛文选》第二卷，人民出版社 2016 年版，第 425 页。
③《胡锦涛文选》第二卷，人民出版社 2016 年版，第 625 页。

力、对全球治理的引领力、对国际安全的贡献度、对各国民众的吸引力，都达到了前所未有的新高度。与此同时，中国的崛起也引起了西方世界的恐惧，中国形象不断遭遇来自外部世界的恶意曲解。西方世界频频利用话语霸权鼓吹"中国威胁论""中国统治世界论"等，这种恶意诋毁中国国家形象的言论有着不小的市场。面对形形色色的"中国威胁论"，新世纪新阶段我们主动回应国际社会对我国日后走向的关切，提出"和谐世界"理念，回答关于人类社会未来和全球秩序的前途问题。

2003 年 5 月 28 日，胡锦涛访问俄罗斯期间在莫斯科国际关系学院发表重要演讲指出："实现持久和平和共同繁荣，需要国际社会通力合作，不懈努力。中国人民愿同俄罗斯人民和所有国家的人民携手合作，为建立一个和平、发展、和谐的世界而共同努力。"① 这是"和谐世界"理念第一次出现在国际社会的视野中。此后，这一理念在越来越多的场合被提及和阐发并逐渐在理论和实践中得到完善。

2005 年 4 月，胡锦涛在雅加达亚非峰会上明确提出亚非国家应"推动不同文明友好相处、平等对话、发展繁荣，共同构建一个和谐世界"②。同年 9 月 15 日，胡锦涛在联合国成立 60 周年首脑会议上发表了《努力建设持久和平、共同繁荣的和谐世界》的重要演讲，深入阐释了和谐世界理念。2006 年 11 月 18 日，胡锦涛在河内亚太经合组织第十四次领导人非正式会议上，发表了《推动共同发展　谋求和谐共赢》的重要讲话，再次阐述了中国对和谐世界的构想。2007 年 10 月，胡锦涛在党的十七大报告中系统阐述了和谐世界理念的深刻内

①《胡锦涛文选》第二卷，人民出版社 2016 年版，第 53 页。
②《十六大以来重要文献选编》（中），中央文献出版社 2006 年版，第 851 页。

涵。[①] 在 2012 年 11 月中国共产党第十八次全国代表大会上，胡锦涛再次肯定了"和谐世界"这一理念。

"和谐世界"理念极具东方智慧，同时也契合了全世界人民的共同心声。以胡锦涛为主要代表的中央领导集体在国内构建和谐社会的基础上，在国际上提出构建和谐世界的理念。"和谐社会"与"和谐世界"相辅相成，既通过争取和平的国际环境来发展自己，同时又通过自身的发展来促进世界和平。"和谐世界"理念抓住和平、发展、合作这一时代主题，反映了世界各国人民的共同愿望，是对中华民族传统和谐思想的重大继承和弘扬，是当代中国马克思主义国际战略理论的划时代发展和创新。

第五节　在理论创新中开拓中国特色社会主义

中国特色社会主义是改革开放以来党的全部理论和实践的主题。改革开放后，中国共产党始终坚持在理论创新与实践探索的良性互动中坚持和发展中国特色社会主义。我们在理论创新中开拓中国特色社会主义发展的新局面，也在推进中国特色社会主义伟大事业中不断开辟马克思主义中国化新境界。在理论创新与实践探索的良性互动中，马克思主义在中国大地上展现出强大、具有说服力的真理力量，同时中国特色社会主义事业的航船也不断劈波斩浪、勇往直前、行稳致远！

---

① 吴绮敏、吴刚、赵成：《和谐世界：共赢发展的中国贡献》，《人民日报》2012 年 11 月 4 日。

一、 在回答时代之问中进行理论创新

时代是思想之母，实践是理论之源。理论创新不是向壁虚构，不是闭门觅句，而是随着实践发展而发展。实践每前进一步，理论创新就跟进一步。理论创新的过程，就是运用马克思主义基本原理分析和解决中国实际问题的过程，就是通过不断促进马克思主义基本原理与中国建设与改革的具体实际相结合，持续回答时代之问、人民之问的过程。

党的十一届三中全会以后，党和国家工作中心实现战略转移，我国进入了改革开放和社会主义现代化建设新时期。在探索社会主义现代化建设道路的实践中，以邓小平为主要代表的中国共产党人，深刻揭示了社会主义本质，确立了社会主义初级阶段的基本路线，制定了到二十一世纪中叶分三步走、基本实现社会主义现代化的发展战略，科学回答了什么是社会主义、怎样建设社会主义这一根本问题，创立了邓小平理论。

党的十三届四中全会以后，在国内外形势十分复杂、世界社会主义出现严重曲折的考验面前，以江泽民为主要代表的中国共产党人，推进党的建设新的伟大工程，加深了对建设什么样的党、怎样建设党的认识，形成了"三个代表"重要思想。

党的十六大以后，在全面建设小康社会的进程中，以胡锦涛为主要代表的中国共产党人，深刻认识和回答了新形势下实现什么样的发展、怎样发展等重大问题，形成了科学发展观。

几代中国共产党人在接力建设中国特色社会主义的实践中，不断坚持和发展马克思主义，不断推进马克思主义理论创新，科学回答了

建设中国特色社会主义的发展道路、发展阶段、根本任务、发展动力、发展战略、政治保证、祖国统一、外交和国际战略、领导力量和依靠力量等一系列基本问题，形成了中国特色社会主义理论体系，实现了马克思主义中国化新的飞跃。

二、 以理论创新成果引领事业发展

不断创新是理论生命力的源泉，指导实践是理论真理性的彰显。纵观人类文明发展的历史可知，每一次大的社会变革和社会进步的发生，都离不开思想启蒙和先进理论的引领。在建设中国特色社会主义的过程中，中国共产党始终坚持以发展着的理论指导新的实践，以理论创新成果引领事业发展。

邓小平理论是中国特色社会主义理论体系的开篇之作也是奠基之作，科学回答了建设中国特色社会主义的一系列基本问题，成功开创了中国特色社会主义。"三个代表"重要思想作为中国特色社会主义理论体系中承上启下的极为重要的组成部分，在国内外形势十分复杂的形势下，捍卫了中国特色社会主义，成功地把中国特色社会主义推向 21 世纪。科学发展观作为中国特色社会主义事业在新形势下的接续发展，在新的形势下成功坚持和发展了中国特色社会主义。在中国特色社会主义理论体系的科学指导下，中国共产党带领全国各族人民取得了改革开放和社会主义现代化建设的伟大成就，夺取了中国特色社会主义一个又一个胜利。

第四章

马克思主义中国化时代化新的飞跃：
习近平新时代中国特色社会主义思想

中国特色社会主义进入新时代，党的理论创新性发展再创辉煌。以习近平同志为主要代表的中国共产党人，坚持把马克思主义基本原理同中国具体实际相结合、同中华优秀传统文化相结合，创立了习近平新时代中国特色社会主义思想，实现了马克思主义中国化时代化新的飞跃。

第一节 中国特色社会主义进入新时代

中国特色社会主义事业是一项前无古人的伟大的探索与实践，注定了它是一个漫长的历史过程。在这一历史过程中，基于国内外形势的变化、各种矛盾的交织演变，会出现发展条件各异、发展水平各异、发展程度各异的不同发展阶段和历史时期。党的十八大以来，中国特色社会主义进入新时代。中国特色社会主义新时代是我国发展新的历史方位。

一、 新时代的提出

2017 年 10 月 18 日，习近平总书记在党的十九大报告中指出："经过长期努力，中国特色社会主义进入了新时代，这是我国发展新的历史方位。"① 这一重大政治论断，一方面是基于新中国成立以来，特别是改革开放以来我国社会发展进步的现实情况作出的客观判断，另一方面，反映了我们党团结带领全国各族人民开创光明未来的坚定信心。

改革开放以来，中国共产党带领全国各族人民不断战胜各种困难挑战，经受各种风险考验，走过了极不平凡的光辉历程，在经济社会

---

① 习近平：《决胜全面建成小康社会　夺取新时代中国特色社会主义伟大胜利》，人民出版社 2017 年版，第 10 页。

发展方面取得了举世瞩目的伟大成就。特别是党的十八大以来，以习近平同志为核心的党中央，出台一系列重大方针政策，推出一系列重大举措，推进一系列重大工作，提出一系列新理念新思想新战略，战胜一系列重大风险挑战，解决了许多长期想解决而没有解决的难题，办成了许多过去想办而没有办成的大事，使党和国家事业发展取得了全方位、开创性的成就，发生了深层次、根本性的变革。

新时代我国发展站到了新的历史起点上，中国特色社会主义进入新的发展阶段，党的理论创新、执政方式和执政方略、发展理念和发展方式、发展环境和发展条件、发展水平和发展要求都发生了不容忽视的巨大转变。基于世情、国情、党情的深刻变化，中国共产党作出这项关系全局的重大战略判断，为我们深刻把握当代中国发展的新阶段新特征，科学制定党的路线方针政策提供了时代坐标和基本依据。

新时代一经提出，就受到了全社会的广泛关注。国家语言资源监测与研究中心发布"2017年度中国媒体十大流行语"，"新时代"入选"2017年度中国媒体十大流行语"，体现了我国主流媒体对"新时代"的高度关注。由国家语言资源监测与研究中心、商务印书馆等联合主办，10余家主流媒体、高校、研究机构参与支持协办的"汉语盘点2017"活动中，"新时代"入选年度候选字词五大候选国内词。

二、 新时代的内涵

党的十八大以来，中国特色社会主义进入新时代，具体内涵如下。

第一，中国特色社会主义新时代承前启后、继往开来，是在新的历史条件下继续夺取中国特色社会主义伟大胜利的时代。习近平总书记强调，"这个新时代是中国特色社会主义新时代，而不是别的什么新时代"①。回顾党的百年奋斗历程，可以帮助我们看清楚过去我们为什么能够成功、弄明白未来我们怎样才能继续成功。一百多年前，十月革命一声炮响，给中国送来了马克思列宁主义，中国先进分子以马克思列宁主义的科学真理为炬火，带领中国人民走出无尽黑暗，重见天日。新中国成立后，中国共产党找准时机，适时开展三大改造，完成生产资料所有制关系变革，确立社会主义制度，开展大规模社会主义建设。进入改革开放和社会主义现代化建设新时期，新的伟大革命——改革开放如火如荼地进行，中国特色社会主义成功开创，中国大踏步赶上时代。今天，我们正在此前发展的基础上续写全面建设社会主义现代化国家的新历史，踏上实现第二个百年奋斗目标的新征程。历史和现实雄辩地证明，只有社会主义才能救中国，只有中国特色社会主义才能发展中国。新时代，我们依然高举中国特色社会主义伟大旗帜，坚定中国特色社会主义道路自信、理论自信、制度自信、文化自信，带领人民继续夺取中国特色社会主义新的伟大胜利。

第二，中国特色社会主义新时代是决胜全面建成小康社会、进而全面建设社会主义现代化强国的时代。2017年10月，在党的十九大报告中，习近平总书记浓墨重彩地描绘了在2020年全面建成小康社会之后向第二个百年奋斗目标进军的宏伟蓝图。2020年10月26日至29日，中国共产党第十九届中央委员会第五次全体会议在北京举行。全会强调："全党全国各族人民要再接再厉、一鼓作气，确保如期打

① 《习近平谈治国理政》第三卷，外文出版社2020年版，第70页。

赢脱贫攻坚战，确保如期全面建成小康社会、实现第一个百年奋斗目标，为开启全面建设社会主义现代化国家新征程奠定坚实基础。"①2021 年 7 月 1 日，天安门广场举行庆祝中国共产党成立 100 周年大会，习近平总书记在讲话中向全世界庄严宣告："经过全党全国各族人民持续奋斗，我们实现了第一个百年奋斗目标，在中华大地上全面建成了小康社会，历史性地解决了绝对贫困问题。"②《诗经》记载："民亦劳止，汔可小康。"几千年来中华民族孜孜以求的朴素理想，在今日中国变成现实。中国共产党带领人民前进的步伐依旧没有停歇，中国正意气风发地走在全面建成社会主义现代化强国的新征程上。

第三，中国特色社会主义新时代是全国各族人民团结奋斗、不断创造美好生活、逐步实现全体人民共同富裕的时代。治国之道，富民为始。习近平总书记指出，共同富裕是社会主义的本质要求，是中国式现代化的重要特征，要坚持以人民为中心的发展思想，在高质量发展中促进共同富裕。③ 中国共产党矢志不渝的奋斗目标就是让人民过上好日子、实现共同富裕。党的十八大以来，以习近平同志为核心的党中央，把逐步实现全体人民共同富裕摆在更加重要的位置，对共同富裕道路作了新的探索，对共同富裕理论作了新的阐释，对共同富裕目标作了新的部署。坚持以人民为中心的发展思想，不断在发展中保障和改善民生，顺应人民对美好生活的向往，把促进全体人民共同富裕作为为人民谋幸福的着力点。打赢脱贫攻坚战，历史性解决绝对贫

---

① 《十九大以来重要文献选编》（中），中央文献出版社 2021 年版，第 788 页。
② 习近平：《在庆祝中国共产党成立 100 周年大会上的讲话》，人民出版社 2021 年版，第 2 页。
③ 《在高质量发展中促进共同富裕　统筹做好重大金融风险防范化解工作》，《人民日报》2021 年 8 月 18 日。

困问题，全面建成小康社会，为实现全体人民共同富裕创造了良好条件。①"十四五"规划和 2035 年远景目标明确提出："十四五"时期民生福祉要达到新水平，全体人民共同富裕迈出坚实步伐；2035 年远景目标包括，人民生活更加美好，人的全面发展、全体人民共同富裕取得更为明显的实质性进展。在新时代的路上，我们一起朝着实现全体人民共同富裕不断前进。

第四，中国特色社会主义新时代是全体中华儿女勠力同心、奋力实现中华民族伟大复兴中国梦的时代。1894 年，中国民主革命的伟大先驱孙中山先生在创建革命团体兴中会时首提"振兴中华"。1921 年，中国共产党一经成立，就把为人民谋幸福、为民族谋复兴确立为自己的初心和使命。一百年风雨兼程，一百年砥砺奋进。一百多年的时间，中国共产党把积贫积弱、风雨飘摇的旧中国建设成为繁荣富强、兴旺发达的新中国，中华民族也摆脱了任人宰割的局面，迎来了从站起来、富起来到强起来的伟大飞跃，迎来了伟大复兴的光明前景。中国特色社会主义进入新时代，实现中华民族伟大复兴已经进入了不可逆转的历史进程。坚持以中国式现代化推进中华民族伟大复兴，踔厉奋发、勇毅前进、笃行不怠，为实现中华民族伟大复兴的中国梦不懈奋斗。

第五，中国特色社会主义新时代是我国日益走近世界舞台中央、不断为人类做出更大贡献的时代。中华民族自古以来就具有"天下一家"的世界情怀，更具有"治国平天下"与胸怀天下的大同理想。一百多年来，中国共产党既为中国人民谋幸福、为中华民族谋复兴，

---

① 参见谢伏瞻：《如何理解促进共同富裕的重大意义》，《人民日报》2021 年 10 月 8 日。

也为人类谋进步、为世界谋大同。中国特色社会主义进入新时代，中国共产党始终把为人类做出新的更大贡献作为自己的时代责任。随着中国经济总量不断增加，中国国际地位日益提升，中国国际交往愈加频繁，中国国家形象逐渐改善，中国的国际影响力不断扩大，中国愿意继续扩大同世界各国的利益交汇点，积极践行人类命运共同体理念，为建设更加和谐的世界贡献中国力量，为创造人类文明新形态和广大发展中国家走向现代化提供中国智慧和中国方案，为推动世界和平发展和人类文明和谐进步践行大国担当。

三、 新时代的 "变" 与 "不变"

辩证唯物主义认为，事物的发展有一个从量变到质变的过程，量变孕育着质变，质变是量变的必然结果，然后事物又在新质的基础上开始新的量变。

中国特色社会主义进入新时代是在社会主义初级阶段这个长期历史过程中的一次量变。虽然，中国特色社会主义进入新时代赋予党的历史使命、理论遵循、目标任务以新的时代内涵，但是，我国仍处于并将长期处于社会主义初级阶段依然是中国最大的国情，我国仍然是世界上最大的发展中国家，党和国家的一切工作都必须牢牢把握社会主义初级阶段这个基本国情，牢牢立足社会主义初级阶段这个最大实际，而不能超越这个阶段。社会主义初级阶段是在原本经济文化落后的中国建设社会主义现代化不可逾越的历史阶段，所以发展依然是新时代中国的第一要务。

中国特色社会主义进入新时代也是中国特色社会主义建设事业这

个历史进程中的一次量变。看清走过的路，才能坚定未来的路。改革开放以来，我们成功开创和发展了中国特色社会主义。1982 年，我们党召开十二大，正式提出"建设有中国特色的社会主义"的全新命题。自此以后，党的历次代表大会报告都将"中国特色社会主义"作为主题词，高高举起中国特色社会主义这面伟大旗帜，再也没有动摇过。回看过往的 40 多年，我们可以清楚地看到，坚持和发展中国特色社会主义是改革开放以来党的全部理论和实践的主题。这一主题贯穿了改革开放的全过程，渗透在改革开放的各个领域和各个方面。中国特色社会主义进入新时代，建设中国特色社会主义依然是不变的主题。中国共产党必须肩负起新时代的历史使命，团结带领中国人民，坚定地走中国特色社会主义道路，在坚持和发展中国特色社会主义的伟大进程中，不断开辟党和国家事业发展新境界。

　　量变虽然是一种渐进的、不显著的变化，但是究其本质依然是变化。中国特色社会主义新时代虽然与社会主义事业、中国特色社会主义事业一脉相承，但是呈现出很多与时俱进的新特征。以发展的眼光看待中国特色社会主义新时代，就要看到我国经济社会发展呈现出来的新特点：我国社会生产力、综合国力、人民生活水平实现了历史性跨越，我国基本国情的内涵不断发生变化，我们面临的国际国内形势更加复杂，过去长期困扰我们的一些矛盾不存在了，但新的矛盾不断产生……很多情况都是我们从前没有遇到、没有处理过的。面对新时代带来的新形势、新要求和新考验，我们必须摒弃守株待兔、刻舟求剑的思维方式，积极应对，迎难而上，展现新气象、新作为。

四、 新时代， 新思想

时代是思想之母，实践是理论之源。正如习近平总书记所指出：
"这是一个需要理论而且一定能够产生理论的时代，这是一个需要思
想而且一定能够产生思想的时代。我们不能辜负了这个时代。"① 新时
代呼唤新思想，也催生新思想。中国特色社会主义进入新时代，中国
共产党站在承前启后、继往开来的新起点上，在新的历史条件下继续
谱写马克思主义中国化新篇章。②

党的十八大以来，以习近平同志为主要代表的中国共产党人，坚
持把马克思主义基本原理同中国具体实际相结合、同中华优秀传统文
化相结合，坚持毛泽东思想、邓小平理论、"三个代表"重要思想、
科学发展观，深刻总结并充分运用党成立以来的历史经验，从新的实
际出发，创立了习近平新时代中国特色社会主义思想。党的十九大着
眼于中国特色社会主义事业长远发展，郑重提出习近平新时代中国特
色社会主义思想，并把这一思想确立为党必须长期坚持的指导思想，
写进党章，实现了党的指导思想的又一次与时俱进。党的二十大报告
进一步明确：十九大、十九届六中全会提出的"十个明确""十四个
坚持""十三个方面成就"概括了习近平新时代中国特色社会主义思
想的主要内容，必须长期坚持并不断丰富发展。

习近平新时代中国特色社会主义思想回答了新时代坚持和发展什
么样的中国特色社会主义、怎样坚持和发展中国特色社会主义，建设

---

① 习近平：《在哲学社会科学工作座谈会上的讲话》，人民出版社 2016 年版，第 8 页。
② 参见石建勋：《新时代我国社会发展的主要矛盾研究》，人民出版社 2019 年版，第 2 页。

什么样的社会主义现代化强国、怎样建设社会主义现代化强国，建设什么样的长期执政的马克思主义政党、怎样建设长期执政的马克思主义政党等重大时代课题，是当代中国马克思主义、二十一世纪马克思主义，是中华文化和中国精神的时代精华，实现了马克思主义中国化时代化新的飞跃。

第二节　准确把握新时代社会主要矛盾的变化

社会主要矛盾的变化是中国特色社会主义进入新时代的重要依据，也是习近平新时代中国特色社会主义思想的重大理论创新点。

一、从主要矛盾和社会基本矛盾理解社会主要矛盾的转变

习近平总书记在党的十九大报告中，从中华人民共和国成立特别是改革开放以来我国经济社会发展的重大成就和显著进步出发，作出了我国社会主要矛盾已经转化为人民日益增长的美好生活需要和不平衡不充分的发展之间的矛盾这一重大政治论断。社会主要矛盾的变化，是准确认识我国发展新的历史方位的基本依据，是准确把握社会主义初级阶段发展变化的科学认识，是习近平新时代中国特色社会主义思想的重大理论创新观点。

理解社会主要矛盾，首先要弄清楚主要矛盾与社会基本矛盾两个

概念，继而从主要矛盾和社会基本矛盾出发理解社会主要矛盾。

唯物辩证法认为，在事物或事物发展过程的多种矛盾中，每种矛盾所处的地位、对事物发展所起的作用是不平衡的，有主次、重要非重要之分。在事物发展的任何阶段上，其中必有而且只有一种矛盾与其他诸种矛盾相比较而言，处于支配地位，规定或影响其他矛盾，对事物发展起决定作用，这种矛盾就叫作主要矛盾，其他矛盾则是次要矛盾。主要矛盾在不同的事物中和事物发展的不同阶段呈现出复杂的情况。在事物发展的过程中，各种矛盾的力量此消彼长、变化复杂，有的矛盾激化了，有的矛盾缓和了，新的矛盾也会不断出现，原来的主要矛盾下降为次要矛盾，原来的次要矛盾上升为主要矛盾，从而使事物的发展呈现不同的阶段性特征。正因为矛盾有主次之分，我们在想问题办事情的方法论上也应当相应地有重点与非重点之分，要善于抓重点、集中力量解决主要矛盾。①

中国特色社会主义进入新时代，人民日益增长的美好生活需要和不平衡不充分的发展这个矛盾在众多矛盾中处于主要地位，我们要紧扣新时代的社会主要矛盾，及时转移工作重心，集中力量解决主要矛盾。

在社会有机体中存在着无数矛盾，其中有两对矛盾对社会发展起着本源的总制动作用，规定社会的性质和基本结构，贯穿于人类社会发展的始终，这就是社会基本矛盾，即生产力和生产关系的矛盾、经济基础和上层建筑的矛盾。生产力决定生产关系，生产关系反作用于生产力；经济基础决定上层建筑，上层建筑反作用于经济基础。这种

---

① 参见石建勋：《新时代我国社会发展的主要矛盾研究》，人民出版社 2019 年版，第 94—96 页。

层层决定和层层反作用的关系，构成了以生产力发展为最终动因的整个社会基本矛盾的辩证运动，推动着人类社会由低级向高级发展。社会基本矛盾是历史的、发展的、具体的，这就使得社会基本矛盾在不同社会形态、不同民族国家、不同发展阶段的表现是不同的。不同社会基本矛盾在一定社会形态或发展阶段的具体表现，构成了社会主要矛盾。①

新时代社会主要矛盾的变化是基于对我国社会生产力发展的研判。中国特色社会主义进入新时代，经过几十年的积累，生产力发展水平以及由此决定的人民生活水平和国家综合实力已经到了一个新的高度，这就决定了社会主要矛盾必然会随着新的发展阶段而发生新的变化。

由此可见，新时代社会主要矛盾的转化是马克思主义唯物辩证法主要矛盾运动的规律使然，也是马克思主义历史唯物主义社会基本矛盾运动的逻辑体现。

二、 百年党史中对社会主要矛盾的研判

对我国社会主要矛盾的分析研判，一直是中国共产党制定路线、方针、政策的基本依据。回顾中国共产党一百多年的历史，可以清晰地看到，我们党总是在不断深刻认识、研判和解决社会主要矛盾中，带领中国人民从一个胜利走向另一个胜利。

新民主主义革命时期，我们党准确认识中国半殖民地半封建社会

---

① 参见颜晓峰：《论新时代我国社会主要矛盾的变化》，《中共中央党校（国家行政学院）学报》2019年第2期。

的性质，作出了近代中国社会的主要矛盾是帝国主义和中华民族的矛盾、封建主义和人民大众的矛盾的正确判断。"伟大的近代和现代的中国革命，是在这些基本矛盾的基础之上发生和发展起来的。"① 基于对社会主要矛盾的正确认识，党科学制定了新民主主义革命不同时期的路线、方针和政策，团结带领全国人民不懈奋战，最终取得了新民主主义革命的伟大胜利。

1952 年，土地改革在全国范围内推进，我国国民经济得以恢复，完成了新民主主义革命的遗留任务，经济、政治与社会面貌发生巨大变化。我们党适时提出，"在打倒地主阶级和官僚资产阶级以后，中国内部的主要矛盾即是工人阶级与民族资产阶级的矛盾"②。与之相适应，党确立了过渡时期的总路线，即逐步实现国家的社会主义工业化，并逐步实现国家对农业、对手工业和对资本主义工商业的社会主义改造。

1956 年，社会主义改造基本完成，我国基本建立了社会主义制度，社会主要矛盾也随之发生了根本性变化。1956 年 9 月召开的党的八大指出："我们国内的主要矛盾，已经是人民对于建立先进的工业国的要求同落后的农业国的现实之间的矛盾，已经是人民对于经济文化迅速发展的需要同当前经济文化不能满足人民需要的状况之间的矛盾。"③ 因此，集中力量发展社会生产力成为全国人民的主要任务，党领导全国各族人民开始大规模的社会主义建设，掀起了一波建设社会主义的高潮。

---

①《毛泽东选集》第二卷，人民出版社 1991 年版，第 631 页。
②《毛泽东年谱（1949—1967）》第一卷，中央文献出版社 2013 年版，第 560 页。
③《建国以来重要文献选编》（第九册），中央文献出版社 1994 年版，第 341 页。

1978 年，党的十一届三中全会召开，实现了从"以阶级斗争为纲"到"以经济建设为中心"的根本性转折，开启了改革开放和社会主义现代化建设新时期。在 1979 年 3 月中央理论工作务虚会上，邓小平作了《坚持四项基本原则》这一著名讲话，专门谈到了当时的社会矛盾问题，特别是社会基本矛盾和社会主要矛盾问题。邓小平明确指出："至于什么是目前时期的主要矛盾，也就是目前时期全党和全国人民所必须解决的主要问题或中心任务，由于三中全会决定把工作重点转移到社会主义现代化建设方面来，实际上已经解决了。我们的生产力发展水平很低，远远不能满足人民和国家的需要，这就是我们目前时期的主要矛盾，解决这个主要矛盾就是我们的中心任务。"[①]党的十一届六中全会在党的八大的认识基础上，对我国社会主要矛盾作了完整的规范表述："在社会主义改造基本完成以后，我国所要解决的主要矛盾，是人民日益增长的物质文化需要同落后的社会生产之间的矛盾。"[②] 据此，我们一直坚持以经济建设为中心，聚精会神搞建设，一心一意谋发展，大力解放和发展生产力，实现了国民经济快速健康发展，成为世界第二大经济体。

中国特色社会主义进入新时代，习近平总书记在党的十九大上明确作出"我国社会主要矛盾已经转化为人民日益增长的美好生活需要和不平衡不充分的发展之间的矛盾"这样一个重大政治判断。社会主要矛盾的变化，是中国特色社会主义进入新时代的基本依据，是习近平新时代中国特色社会主义思想的重大理论创新。我们要在继续推动发展的基础上，着力解决好发展不平衡不充分问题，大力提升发展质

---

①《邓小平文选》第二卷，人民出版社 1994 年版，第 182 页。
②《三中全会以来重要文献选编》（下），人民出版社 1982 年版，第 168 页。

量和效益，更好地满足人民在经济、政治、文化、社会、生态等方面日益增长的需要，更好地推动人的全面发展、社会的全面进步。

三、 社会主要矛盾转变的现实依据

在党的十九大报告对我国社会主要矛盾的表述中，人民群众的需要从"物质文化需求"转变为"美好生活需要"，从"落后的社会生产"转变为"不平衡不充分的发展"。新的判断和表述背后有其坚实的现实基础。

从社会生产力的发展情况来看，经过改革开放以来的快速发展，我国生产力水平大大提升，物质财富大为丰富，综合国力显著增强。正如习近平总书记所指出，"改革开放是当代中国发展进步的活力之源，是党和人民事业大踏步赶上时代的重要法宝"①。改革开放极大地解放和发展了社会生产力，为推进中国特色社会主义不断发展提供了源源不断的动力，极大地增强了中国特色社会主义国家的综合国力。对内改革破除了束缚生产力发展的体制机制障碍，使社会主义市场经济为建设社会主义所用，为生产力发展提供了强大的内生动力；对外开放拓展了生产力发展的广阔空间，使中国前进的步伐与世界紧紧相连。我国国内生产总值由 1978 年的 3679 亿元增长到 2021 年的 1143670 亿元，首次突破 110 万亿元大关。中国经济增长对世界经济增长的贡献率在 30 % 左右，持续成为世界经济增长的最大贡献者。我国成为世界第二大经济体、制造业第一大国、货物贸易第一大国、

① 《习近平关于全面深化改革论述摘编》，中央文献出版社 2014 年版，第 4 页。

商品消费第二大国、外资流入第二大国，我国外汇储备连续多年位居世界第一，世界 500 强中中国企业最多……①这一系列巨大成就说明，我国进入社会主义初级阶段以来"落后的社会生产"已经发生了新的阶段性变化，原来的表述已经不能概括我国目前的社会生产水平。

从人民需求的变化来看，伴随经济快速发展和人民物质文化生活水平普遍提高，人民群众需求涉及的领域拓展、层次提升，覆盖了社会生活各个领域，不再局限于物质文化的需要。在经济生活领域，人民期盼更稳定的工作、更满意的收入、更具实质性的共同富裕；在政治生活领域，人民期盼更完善的社会主义民主政治、社会主义法治国家建设；在文化生活领域，人民期盼更丰富的精神文化生活；在社会生活领域，人民期盼有更高的教育、更可靠的生活保障、更高水平的医疗卫生服务、更舒适的居住条件；在生态文明领域，人民期盼更优美的生态环境。这说明，人民群众对于日益增长的"物质文化需要"层次更高、内容范围更广，出现了阶段性的新特征，"美好生活需要"更准确地表达了人民需求的多方面、多层次、多样化等特征。影响满足人民美好生活需要的因素很多，最主要的是发展的不平衡不充分问题，表现为城乡发展不平衡、区域发展不平衡、行业发展不平衡、"五位一体"总体布局发展不平衡、部分地区发展不充分、部分行业发展不充分，等等。

四、 新矛盾提出新要求

党的十九大报告指出："我国社会主要矛盾的变化是关系全局的

---

① 参见韩振峰：《正确认识改革开放的重要地位与作用》，《光明日报》2019 年 1 月 23 日。

历史性变化，对党和国家工作提出了许多新要求。"① 对于社会主要矛盾变化的政治判断事关党和国家事业发展全局，明确了今后一个时期内全党工作的主攻方向。

首先，坚持以发展为第一要务。"发展不平衡不充分"说明发展问题没有从根本上得到解决，发展水平与人民需求仍然不相适应。虽然我国的发展已经向前迈进了一大步，改变了"落后的社会生产"的状况，但是我国社会主要矛盾的变化没有改变我们对我国社会主义所处历史阶段的判断，我国仍处于并将长期处于社会主义初级阶段的基本国情没有变，我国是世界最大发展中国家的现实状况没有变。所以，我们要牢牢把握社会主义初级阶段这个基本国情，牢牢立足社会主义初级阶段这个最大实际，按照习近平总书记在庆祝改革开放 40 周年大会上重要讲话的要求，坚持以发展为第一要务，牢牢扭住经济建设这个中心，毫不动摇坚持发展是硬道理、发展应该是科学发展和高质量发展的战略思想，继续推动经济社会健康高质量发展。

其次，推动经济高质量发展。当社会主要矛盾是人民不断增长的物质文化生活需要同落后的社会生产之间的矛盾时，解决问题的基本思路是通过高速发展，生产更多的产品和提供更好的服务来满足人民的物质文化生活需要。当社会主要矛盾已不再是"有"与"无"之间的矛盾，而是"好不好""在什么层次上拥有"的矛盾，即人民日益增长的美好生活需要和不平衡不充分的发展之间的矛盾时，要解决这个主要矛盾，就必须在继续推动发展的基础上，着力解决好发展不平衡、不协调、不可持续的问题。也就是说，我们不仅要有发展，更

---

① 习近平：《决胜全面建成小康社会　夺取新时代中国特色社会主义伟大胜利》，人民出版社 2017 年版，第 11 页。

要有高质量的发展。① 习近平总书记在参加十三届全国人大四次会议青海代表团审议时指出，"高质量发展不只是一个经济要求，而是对经济社会发展方方面面的总要求；不是只对经济发达地区的要求，而是所有地区发展都必须贯彻的要求；不是一时一事的要求，而是必须长期坚持的要求"②。我们要以高质量发展统筹大局，以新发展阶段、新发展理念、新发展格局带来的新形势和新要求为立足点，坚持以前瞻性思考、全局性谋划、战略性布局的思维推进新时代各项工作，力争在推动高质量发展上取得新进展。

最后，践行以人民为中心的发展思想。实现好、维护好、发展好最广大人民的根本利益是推动经济社会发展的出发点和落脚点，以人民为中心的发展思想回答了我国要怎样发展、为谁发展的问题。今后，我们要继续践行以人民为中心的发展思想，站稳人民立场，坚持人民主体地位，尊重人民首创精神，顺应人民对美好生活的向往，不断实现好、维护好、发展好最广大人民的根本利益，做到发展为了人民、发展依靠人民、发展成果由人民共享。

第三节　绿水青山就是金山银山——建设美丽中国

党的十八大以来，我国的生态文明建设迈出重大步伐。基于这样的实践基础，习近平生态文明思想应运而生，成为习近平新时代中国

---

① 参见张俊伟：《提升发展质量助力现代化进程》，《中国经济时报》2018 年 2 月 13 日。
②《坚定不移走高质量发展之路》，《人民日报》2021 年 3 月 10 日。

特色社会主义思想的重要组成部分。

一、 自然对人类的报复

"自然力的征服，机器的采用，化学在工业和农业中的应用，轮船的行驶，铁路的通行，电报的使用，整个整个大陆的开垦，河川的通航，仿佛用法术从地下呼唤出来的大量人口——过去哪一个世纪料想到在社会劳动里蕴藏有这样的生产力呢?"[①] 在《共产党宣言》中，马克思和恩格斯用大气磅礴的手笔书写了工业文明给人类社会发展带来的机遇。但是，机遇和挑战从来都是一个硬币的两面，高速发展的经济在创造出惊人物质财富的同时，也给生态环境带来巨大的破坏。恩格斯曾告诫人类："不要过分陶醉于我们人类对自然界的胜利。对于每一次这样的胜利，自然界都对我们进行报复。每一次胜利，起初确实取得了我们预期的结果，但是往后和再往后却发生完全不同的、出乎预料的影响，常常把最初的结果又消除了。"[②] 经历只追求工业化速度的高速发展阶段后，人类尝到了忽略人与自然关系的苦果。

发生于 20 世纪 30 年代至 60 年代的世界八大公害事件是人类不能忘记的悲惨后果之一，它们以极其惨烈的方式，警醒人类反思以人类为中心的生态伦理观。2016 年，习近平总书记在省部级主要领导干部学习贯彻党的十八届五中全会精神专题研讨班上就深入理解新发展理念进行了具体而透彻的讲解。在谈到绿色发展时，习近平总书记提及了这些事件对生态环境和居民生活造成的影响："洛杉矶光化学烟雾

---

①《马克思恩格斯选集》第一卷，人民出版社 2012 年版，第 405 页。
②《马克思恩格斯选集》第三卷，人民出版社 2012 年版，第 998 页。

事件,先后导致近千人死亡、75% 以上市民患上红眼病。伦敦烟雾事件,1952 年 12 月首次暴发的短短几天内,致死人数高达 4000,随后 2 个月内又有近 8000 人死于呼吸系统疾病,此后 1956 年、1957 年、1962 年又连续发生多达 12 次严重的烟雾事件。日本水俣病事件,因工厂把含有甲基汞的废水直接排放到水俣湾中,人食用受污染的鱼和贝类后患上极为痛苦的汞中毒病,患者近千人,受威胁者多达 2 万人。"① 令人触目惊心的数字背后,是一个个因生态环境破坏而受害的鲜活生命。自然已经向人类发出最后通牒,我们必须关注人与自然和谐共生的问题,重塑可持续发展的生态文明观,将尊重自然、顺应自然、保护自然的理念铭记在心、落实于行。

二、 生态文明建设被纳入 "五位一体" 总体布局

改革开放以来,我国经济社会发展取得令人瞩目的成就,百姓生活水平显著提高,国民经济快速发展,经济实力不断提升。但同时必须看到,生态环境问题也成为我国社会发展的明显短板。经过几十年粗放发展的积累,资源约束趋紧、环境污染严重、生态系统退化,水污染、大气污染、土壤污染等各类污染事件已经到了高频率暴发的阶段。资源环境的制约成为发展的重大瓶颈,高能耗、高排放的老路已经难以为继。

环境问题不单单是经济问题,也是重大的社会问题、政治问题和民生问题。进入中国特色社会主义新时代,我国的社会主要矛盾由人

① 《习近平谈治国理政》第二卷,外文出版社 2017 年版,第 208 页。

民日益增长的物质文化需要同落后的社会生产力之间的矛盾转变为人民日益增长的美好生活需要和不平衡不充分的发展之间的矛盾。伴随生活水平的不断提升，人民对环境质量的关注和要求也越来越高，从改革开放初的"求生存""盼温饱"到"求生态""盼环保"，山清水秀的良好生态环境成为人们对美好生活向往中重要的一部分。当空气、饮用水都无法得到保障时，环境问题就成了民生之患、民心之痛。

2012 年 11 月，党的十八大从新的历史起点出发，将生态文明建设纳入中国特色社会主义建设的总体布局，确定为经济建设、政治建设、文化建设、社会建设、生态文明建设"五位一体"，并首次对其进行单篇谋划，提出了一个富有诗意的目标：努力建设美丽中国。这一新拓展表明我们党对中国特色社会主义建设规律的认识上升到新的水平。以习近平同志为核心的党中央高度重视社会主义生态文明建设，把生态文明建设融入经济建设、政治建设、文化建设、社会建设各方面和全过程，加大生态环境保护建设力度，以坚定的决心和坚决的行动，带领人民群众打响良好生态保卫战，着力解决影响人民群众生产生活的突出环境问题，让人民群众有更多环境质量改善的获得感。

三、"两山"理论

我们追求人与自然的和谐，但这并不意味着必须以牺牲经济发展为代价；恰恰相反，我们期待实现人与自然、经济与社会的"双和谐"。用习近平总书记的话来说，就是要"两座山"：既要金山银山，又要绿水青山。

2005 年，时任浙江省委书记的习近平到浙江省安吉县余村考察，首次提出"绿水青山就是金山银山"的科学论断。20 世纪 70 年代，余村靠山吃山。作为安吉县规模最大的石灰石开采区，余村凭借丰富而优质的石灰岩资源，每年净赚二三百万元，成了安吉远近闻名的富裕村。然而，富裕村的背后是环境污染的代价。后来，在"两山"理念的指导下，余村复垦复绿、治理水库、改造村容村貌，更加坚定地走乡村旅游产业的道路，走绿色生态发展之路，获评"中国美丽休闲乡村"荣誉。① 余村的绿色发展之变，成为"绿水青山就是金山银山"理念最生动的样本。

2020 年 3 月，习近平总书记时隔 15 年再次来到浙江省安吉县余村考察，如今的余村已经完美蜕变成为国家 4A 级景区、全国文明村、全国美丽宜居示范村。看到青山叠翠、流水潺潺、道路整洁，习近平总书记动情地说，余村现在取得的成绩证明，绿色发展的路子是正确的，路子选对了就要坚持走下去。

余村这个小村庄的变化折射出国家的大变迁。起初，我们经历了用绿水青山去换金山银山的阶段，一味索取自然资源却忽略了环境的承载能力，造成了环境恶化的后果。然后，我们缓慢跨越既要金山银山也要绿水青山的阶段，在经济发展与资源合理利用、环境保护的抉择中难以取舍。最后，我们达到了绿水青山就是金山银山的和谐阶段，逐渐认识到绿水青山可以源源不断地带来金山银山，自然资源可以转化为经济优势。我们种的常青树就是摇钱树，我们守的一湾水就

---

① 参见刘颂辉、张家振：《"两山"理念发源地安吉余村共富启示录》，《中国经营报》2022 年 1 月 3 日。

是聚宝盆。这既是经济增长方式转变的过程，又是发展理念不断进步的过程，更是对经济发展与环境保护关系认识的深化。[①] "绿水青山就是金山银山"，是我国发展理念和方式的深刻转变，是中国共产党人对人类文明发展规律、自然规律和经济社会发展规律的深刻洞见，更是中国共产党人带领中国人民开展中国特色社会主义社会建设实践过程中不断总结经验、对马克思主义生态思想进行的理论创新。

四、 建设美丽中国

生态文明是人类文明发展的一个新的阶段。人类经历了原始文明、农业文明、工业文明，生态文明是工业文明发展到一定阶段的产物，是实现人与自然和谐发展的新要求。[②] 早在中国古代，尽管当时尚处于农业文明，充满智慧的先人们就已认识到保护生态环境的重要性。《逸周书·大聚》记载："旦闻禹之禁，春三月山林不登斧，以成草木之长；夏三月川泽不入网罟，以成鱼鳖之长。"《孟子·梁惠王上》提出："数罟不入洿池，鱼鳖不可胜食也；斧斤以时入山林，材木不可胜用也。"《吕氏春秋·义赏》说道："竭泽而渔，岂不获得？而明年无鱼；焚薮而田，岂不获得？而明年无兽。"这些内容都体现了我国古代劳动人民对自然要取之有度、用之有节的思想。

但是，新时代的生态文明建设并不是我国古代"天人合一"思想的简单复归，而是紧贴当下中国特色社会主义事业整体进行谋篇布局，内化到中华民族伟大复兴的进程中。新时代中国特色社会主义总

---

① 参见习近平：《之江新语》，浙江人民出版社 2007 年版，第 186 页。
②《习近平关于社会主义生态文明建设论述摘编》，中央文献出版社 2017 年版，第 6 页。

任务是实现社会主义现代化和中华民族伟大复兴，没有人与自然和谐共生的现代化是了无生机的现代化，忽略生态文明建设的中国梦是有缺憾的中国梦。习近平总书记说："走向生态文明新时代，建设美丽中国，是实现中华民族伟大复兴的中国梦的重要内容。"① 因此，建设美丽中国势必要在总任务中占据重要的一席之地。

2012 年 11 月 8 日，"美丽中国"在党的十八大报告中首次作为党的执政理念出现。2015 年 10 月召开的党的十八届五中全会上，"美丽中国"被纳入"十三五"规划，这是这一理念首次被纳入党和国家的五年规划。2017 年，党的十九大报告在第三部分阐述新时代中国特色社会主义思想和基本方略时，提出在 21 世纪中叶把我国"建成富强民主文明和谐美丽的社会主义现代化强国"，首次将"美丽"作为与富强民主文明和谐并列的全面现代化的一项基本目标，为社会主义现代化强国注入新的时代内涵。这是从生态文明的角度充实中国特色社会主义现代化的内涵，说明生态文明现代化是全面建设社会主义现代化国家的有机构成部分。

党的十八大以来，以习近平同志为核心的党中央以前所未有的力度抓生态文明建设，全党全国推动绿色发展的自觉性和主动性显著增强，中国生态文明建设蹄疾步稳、踏石留印，美丽中国建设迈出重大步伐，愈加广阔的蓝天、碧水、净土，令人幸福感十足。展望未来，只要我们坚定不移走生态优先、绿色低碳的高质量发展之路，稳中求进、久久为功，人与自然和谐共生的美丽中国目标就一定能实现。

---

① 《习近平谈治国理政》，外文出版社 2014 年版，第 211 页。

第四节   实现中华民族近代以来最伟大的梦想
——中国梦

在中国共产党第二十次全国代表大会上，习近平总书记强调要全面推进实现中华民族伟大复兴的中国梦，这是着眼于坚持和发展中国特色社会主义的重大战略思想，是对马克思主义理论的创新性丰富和发展。

一、《复兴之路》展览上提出"中国梦"

2009 年，中国国家博物馆承办的大型主题展览《复兴之路》，作为中华人民共和国成立 60 周年的一份厚礼，在社会上引起强烈反响。2011 年，时值中国共产党成立 90 周年、辛亥革命 100 周年这个为世人瞩目的特殊年份，《复兴之路》再度出现在公众视野，带领人们穿过镌刻着中华民族屈辱、抗争、探索、复兴的一个个厚重的历史节点，回望波澜壮阔的百年历史，感受沧海桑田的巨大变化。

2012 年 11 月 29 日，习近平总书记参观《复兴之路》展览后，用"雄关漫道真如铁""人间正道是沧桑""长风破浪会有时"三句话，概括了中华民族的昨天、今天和明天，首次提出了"中国梦"这个概念并加以阐释："大家都在讨论中国梦，我以为，实现中华民族伟大复兴，就是中华民族近代以来最伟大的梦想。"① 实现"中国梦"不仅是十八届中央领导集体对人民的郑重承诺，也是对海内外舆论的鲜明回应。

党的十八大前夕，《世界是平的》作者、美国《纽约时报》专栏作家托马斯·弗里德曼以《中国需要自己的梦想》为题，专门撰文表达了对"中国梦"的期待。他写道，"中国需要自己的梦想""将人民的致富憧憬与更可持续发展结合起来"②。

"中国梦"一经提出，就成为海内外舆论关注的热点话题。从报纸荧屏到街头巷尾，从社交网络到媒体平台，"中国梦"成为热词，成为人们议论的焦点话题。一家搜索网站专门增加了一个词条，对"中国梦"进行注解；有的新闻网站专门征集"我的中国梦"，一时应者云集。③ 2012 年底，"梦"字当选为这一年的年度汉字。简单的一个方块字，承载的是 14 亿中国人对美好生活的憧憬，蕴含着这个国家一步步实现梦想的信心与力量。

二、 基于历史的中国梦

中华民族伟大复兴的中国梦是面向未来的，更是基于历史的。

首先，中华民族伟大复兴是基于中华民族文明发展的历史延续性而言的。④ 中华民族是一个融合了许多民族而构成的伟大民族，虽然在历史上几经磨难，却在五千年的历史长河中生生不息，并创造出令

---

① 《习近平谈治国理政》，外文出版社 2014 年版，第 36 页。
② 参见叶再春：《"中国梦"随想》，《前线》2013 年第 1 期。
③ 李斌、陈二厚、王甘武：《"中国梦"凝聚奋进力量》，《新华每日电讯》2012 年 12 月 7 日。
④ 康秀华、张方高：《正确理解"中华民族的伟大复兴"》，《人民日报》2006 年 1 月 27 日。

人赞叹的中华文明。在漫长的世界文明史中，只有中华文明绵延了五千多年，从未出现过文明史或文化史的断裂。而与中华文明大约同起点的古巴比伦文明、古埃及文明以及古印度文明等，都已经消失在了历史的长河中。虽然中华文明在历史上经历过外族侵扰、战乱、分裂与改朝换代等，但却始终没有中断，而以其巨大的韧性和巨大的包容性，始终保持着文明发展的历史延续性。今天，实现伟大复兴的主体依然是继承并延续中华文明的中华民族。

其次，中华民族伟大复兴是基于中华民族繁荣昌盛的古代历史而言的。中华民族有着五千多年的灿烂辉煌，是历史天空里一颗璀璨夺目的明珠。在五千多年的文明发展历程中，中华民族经济发达、科技领先、文化繁荣，走在了同时期人类文明发展的前列。在五千多年的历史长河中，汉唐盛世是永远镌刻在中国人心中的集体记忆，是当时世界的文明高峰。王国维的《读史》诗云："南海商船来大食，西京祆寺建波斯。远人尽有如归乐，知是唐家全盛时。"这首诗充分反映了盛唐时期的繁盛景象。影视剧中那些绝美的极乐之宴、灯火通明的宫殿、壮丽恢宏的城楼，都代表了今人对盛唐气象的想象和神往。盛唐气象就是雍容华美的大气、海纳百川的开明、礼尚往来的文明和从容不迫的自信。① 今天，中华民族伟大复兴指的是中华民族要通过和平发展，再次走在世界前列，重现往日辉煌。

最后，中华民族伟大复兴是基于中华民族近代衰落与民族危亡而言的②。明清以后，西方国家走上工业化的道路，中国封建王朝却日益僵化保守，由此错失了近代化的良机。伴随着西方的资本主义文化

---

① 参见人民日报评论部：《习近平讲故事》，人民出版社 2017 年版，第 145—146 页。
② 康秀华、张方高：《正确理解"中华民族的伟大复兴"》，《人民日报》2006 年 1 月 27 日。

的崛起和扩张，中华古代文化相对没落。西方资产阶级在思想解放的道路上越走越远，中国却还被禁锢在封建思想的樊笼中；西方迎来了近代自然科学的黎明，中国传统科学技术却日薄西山；西方产业革命高歌猛进，中国的农业、手工业却故步自封……种种差异使中国进步发展的步伐彻底被束缚住，与西方逐渐拉开差距。文明的衰退，必将带来民族的危亡。鸦片战争之后，中国被迫开放，国家被侵犯，国土被瓜分，文明发展跌落至最低点。中国逐步成为半殖民地半封建社会，国家蒙辱、人民蒙难、文明蒙尘，中华民族遭受了前所未有的劫难。积贫积弱的旧中国激起了爱国志士救亡图存、强国富民的不懈探求，在风起云涌的革命浪潮中，他们响亮喊出了"振兴中华"的口号。今天，实现中华民族伟大复兴就是要摆脱衰落的屈辱和苦痛，实现"振兴中华"的夙愿，让中华民族屹立于世界民族之林。

三、 近百年前的中国梦

梦想不受时间、地点的限制，每个时代都有每个时代的梦想。虽然"中国梦"的概念是 2012 年才提出来的，但是这并不妨碍百年前的国人畅想未来繁荣富强的中国。

1932 年 11 月，《东方杂志》向全国各界 400 多名知名人士发函征"梦"：第一，先生梦想中的未来中国是怎样？请描述一个轮廓或叙述未来中国的一方面。第二，先生个人生活中有什么梦想？征"梦"活动反响强烈，最终有 142 人发表了 244 个"梦想"，其中有巴金、郑振铎、柳亚子、老舍、茅盾、郁达夫、杨杏佛、张申府等诸多知识分子。①

巴金这样写道："我有一个先生，他说过这样的话：'我希望每个家庭都有住宅，每个口都有面包，每个心都受教育，每个智慧都得着光明。'假如这就是他的梦想，那么我的也是这个。我也相信个人是和社会分不开的，要全社会得着解放，得着幸福，个人才有自由和幸福之可言。"郑振铎的梦想是："一个伟大的快乐的国土，我们将建设了一个伟大的社会主义的国家。"杨杏佛说："我梦想中的未来中国应当是一个物质与精神并重的大同社会，人们有合理的自由，同时有工作的义务。"张申府的梦想是："把孔子仁的理想、罗素科学的理想与列宁的共产主义理想捏到一块儿。"总之，大部分人的梦想对未来充满了希望，认为未来之中国，将是新锐青年的中国，不是昏庸老朽的中国；将是勤劳大众的中国，不是剥削阶级的中国。但是，当时外敌入侵、国运凋零的大背景注定了那是一个梦想无处安放的时代，注定了他们仅有做梦的资格，却没有实现的能力。

在中国共产党领导下，经过百年艰苦奋斗，贫穷落后的旧中国日益成为繁荣富强的新中国，中华民族伟大复兴展现出前所未有的光明前景。当前，我国踏上了全面建设社会主义现代化国家、向第二个百年奋斗目标进军的新征程，我们比历史上任何时期都更接近中华民族伟大复兴的目标，比历史上任何时期都更有信心、有能力实现这个目标。

---

① 参见傅国涌：《民国几代知识分子的不同梦想（二）》，《中国经济报告》2014年第5期。

四、中国梦的内涵

新时代的中国梦，究竟是一个什么样的伟大梦想呢？

（一）强国之梦

中国梦首先是强国之梦，就是要实现国家富强。只有国家富强，民族振兴才有坚实的基础，人民幸福才有根本的保障。鸦片战争之后一百多年的发展历程告诉我们，如果我们不强大，我们就不能从根本上保证人民的幸福和快乐。改革开放以来的历史经验表明，一个富强的国家，是一个民族持续发展的根本。因此，要想达到中国的梦想，必须从建设一个强大的、富足的国家开始。"富强"的内蕴涵盖了社会发展的方方面面，但最主要的是指经济富足和对外影响力强大，即国民生产总值和人均国民生产总值在世界上处于领先地位，对外贸易、财政收支处于良性运行状态；经济结构合理，经济保持持续、快速、协调发展，经济、科技竞争力强大，发展持续性强，发展前景良好；对世界政治经济秩序影响力大，国防实力强大，能有效维护正当的国家利益和国家安全；等等。①

（二）复兴之梦

中国梦也是复兴之梦，就是要实现民族振兴。民族振兴是国家富强的根本标志，是中国梦的核心内容。中华民族是古老而又伟大的民

———————

① 参见梁梁：《中国梦的本质是国家富强、民族振兴、人民幸福》，《刊授党校》2018 年第 8 期。

族，创造了延续五千多年的灿烂文明，为人类文明进步做出了不可磨灭的贡献。例如，中国先民创造的四大发明，在西方社会从封建社会的漫漫黑夜走向现代资本主义文明的过程中发挥过重大作用。鸦片战争以后，由于西方列强侵略和封建统治腐败，中华民族遭受了一百多年的欺凌和苦难，觉醒的中国人开启了民族复兴的梦想之路和探索之路。中国梦所要实现的正是要让久经磨难的中华民族再一次屹立于世界民族之林，将自立、自强的面貌呈现给世界人民。① 多年来，中华民族自信自立，奋发图强，在中国共产党的领导下赢得了一次又一次胜利，实现了一个又一个梦想。中国梦是复兴的梦，就是要实现民族振兴。

（三）人民之梦

中国梦是国家梦、民族梦，但是归根结底是人民梦。国家富强与民族振兴的最终落脚点都是人民的幸福。只有人民过上了幸福的生活，民族才会振兴，国家才能真正强大。中国特色社会主义进入新时代，人民群众期盼更好的教育、更稳定的工作、更满意的收入、更可靠的社会保障、更高水平的医疗卫生服务、更舒适的居住条件、更优美的环境，期盼孩子们能成长得更好、工作得更好、生活得更好。这些看似平凡的小期待，就是人民幸福的生动内涵，也是我们党的奋斗目标和努力方向。正如习近平总书记所强调："人民对美好生活的向往，就是我们的奋斗目标。"② "江山就是人民、人民就是江山，打江

---

① 参见梁梁：《中国梦的本质是国家富强，民族振兴，人民幸福》，《刊授党校》2018 年第 8 期。
②《习近平谈治国理政》第一卷，外文出版社 2020 年版，第 3 页。

山，守江山，守的是人民的心。"① 因此，以人民为本，听民心、顺民心、暖民心，让人民群众过上幸福美满的生活，这样的国家富强才有温度，这样的民族复兴才有希望。

五、 实现中国梦

"道虽迩，不行不至；事虽小，不为不成。"中国梦绝不是轻轻松松、敲锣打鼓就能实现的。站在新的历史起点，我们要遵循党的二十大报告指出的："务必不忘初心，牢记使命，务必谦虚谨慎、艰苦奋斗，务必敢于斗争、善于斗争。"② 我们要坚持以谦虚谨慎、不骄不躁、吃苦耐劳的作风推进工作，以过往取得的巨大胜利激发我们奋勇前进，从曲折和挫败中汲取经验，不畏难，不惧险，以咬定青山不放松的定力，以中国式现代化推进中华民族伟大复兴。

实现中国梦必须始终坚持以人民为中心的发展思想。习近平总书记指出："中国梦归根到底是人民的梦，必须紧紧依靠人民来实现，必须不断为人民造福。"③ 这是对中国梦与人民关系的深刻阐释，也为我们把握中国梦的实现路径提供了根本遵循。人民群众是实现中国梦当仁不让的享有者，也是责无旁贷的推动者和实现者。中国梦离开人民群众的广泛参与和共同努力，就会成为无源之水、无本之木。因此，必须尊重人民群众的主体地位和首创精神，激发人民群众的创新创造热情，汲取人民群众的聪明才智和伟大创造，使人民群众真切感

---

① 《习近平谈治国理政》第四卷，外文出版社 2022 年版，第 9 页。

② 习近平：《高举中国特色社会主义伟大旗帜 为全面建设社会主义现代化国家而团结奋斗》，人民出版社 2022 年版，第 1 页。

③ 《习近平谈治国理政》第一卷，外文出版社 2020 年版，第 40 页。

受到自己的主人翁地位，从而将个人前途命运同整个国家、民族的前途命运融为一体，以不断高涨的积极性、主动性和创造性，进而推动实现中华民族的伟大复兴。

实现中国梦必须坚持中国特色社会主义道路。道路关乎命运，道路决定前途。中国特色社会主义道路是近代以来中国人民经过艰辛探索最终选择的正确的现代化道路，是中国共产党和中国人民在长期实践中逐步开辟出来的道路，是党和人民百年来奋斗、创造、积累的根本成就。我国经济社会发展的伟大成就不断证明，中国特色社会主义道路是引领中国进步、增进人民福祉、实现民族复兴的康庄大道。我们要立足新的历史起点，继续坚持和奋力开拓中国特色社会主义道路，使中国特色社会主义道路越走越宽广。只要我们沿着这条道路坚定不移地走下去，就一定能够实现中华民族伟大复兴的中国梦。

实现中国梦必须凝聚中国各族人民大团结的力量。我们必须不断增强和铸牢中华民族共同体意识，保护各民族具体利益，进一步打牢各族人民一道团结奋斗、繁荣发展的思想基础、政治基础、经济基础和社会基础，与各族同胞共同构筑具有强大包容性和凝聚力的中华民族命运共同体，最大限度凝聚各族人民的智慧和力量，达成最广泛的社会共识，推动全国各族人民一起努力建设富强民主文明和谐美丽的社会主义现代化强国，把中华民族伟大复兴的中国梦变成美好现实。

前途光明，美梦不远。勿忘昨天的苦难辉煌，无愧今天的使命担当，不负明天的伟大梦想，以史为鉴、开创未来，埋头苦干、勇毅前行，为实现第二个百年奋斗目标、实现中华民族伟大复兴的中国梦而不懈奋斗，共同迈向实现中国梦的美好明天。

第五章

面向新实践的理论创新

一百多年来，中国共产党领导人民，通过团结奋斗，书写了中华民族几千年历史上最恢宏的史诗。展望未来，中国特色社会主义事业展现出光明前景，中国共产党的理论创新征程也将续写马克思主义中国化时代化新的篇章。

第一节　坚持"两个结合"

2021 年 7 月 1 日，习近平总书记在庆祝中国共产党成立 100 周年大会上的重要讲话中指出："坚持把马克思主义基本原理同中国具体实际相结合、同中华优秀传统文化相结合。"①"两个结合"提出不久后，党的十九届六中全会通过的《中共中央关于党的百年奋斗重大成就和历史经验的决议》，再次重申了"两个结合"。2022 年 10 月 16 日党的二十大召开，习近平总书记在大会报告中进一步强调了"两个结合"，并从马克思主义世界观和方法论的高度全面阐发了"两个结合"。"两个结合"的重要论断高度概括了中国共产党成立一百多年来马克思主义基本原理同中国具体实际、同中华优秀传统文化的良性互动关系，是当代中国马克思主义理论的一次重大创新。"两个结合"是对马克思主义中国化百年发展历程从方法论层面上的高度凝练。

一、"马克思主义中国化"与"两个结合"的演进历史

虽然在建党一百年的时候"两个结合"才第一次被明确提出，但是这一做法在马克思主义中国化的发展史中已经历了一个漫长的积累和演进过程。想要准确把握"两个结合"的深刻内涵，首先需要对

_____

① 习近平：《在庆祝中国共产党成立 100 周年大会上的讲话》，人民出版社 2021 年版，第 13 页。

"马克思主义中国化"的演进历史、"两个结合"的演进历史有一个清晰的认知。

自成立之日起，中国共产党就一以贯之地在实践中坚持马克思主义中国化。但是，"马克思主义中国化"命题的提出并不是与马克思主义中国化的实践同时进行的，也并非一蹴而就的，它经历了一个从实践自觉到理论自觉的过程。中国共产党首先在实际行动中践行马克思主义中国化的原则，然后在理论层面逐步厘清逻辑，最终实现理论自觉，明确提出了"马克思主义中国化"的命题。

"马克思主义中国化"命题的提出本身也经历了一个曲折的历程。1935年华北事变后，中华民族面临空前严重的民族危机。这种民族危机也反映在思想文化上，带来思想文化的危机。国民党反动派为压制抗日民主运动，极力推行愚民政策，主张尊孔读经。日本侵略者推行奴化教育，全力宣扬中国文化之糟粕，为其侵略行径辩护。1936年秋天，为反击思想文化上的逆流，推动抗日运动的深入进行，广大知识分子发起了新启蒙运动。①

随着运动的开展，新启蒙运动的参与者明确提出了"中国化"的口号。1936年，陈唯实在《通俗辩证法讲话》中率先提出了"辩证法之实用化和中国化"的主张。他指出对于唯物辩证法，"最要紧的，是熟能生巧，能把它具体化、实用化，多引例子或问题来证明它。同时语言要中国化、通俗化，使听者明白才有意义"②。此外，张申府提出了"科学中国化"的主张。他指出："在推广科学上，更应特别注意科学法（算数的经验主义）、科学精神、科学态度、科学脾气。还

---

① 参见李华兴主编：《近代中国百年史辞典》，浙江人民出版社1987年版，第675页。
② 陈唯实：《通俗辩证法讲话》，新东方出版社1936年版，第7页。

应使科学成为中国的。不但要中国科学化，同时也要科学中国化。使中国对科学有其极特色的贡献，使科学在中国有其极特殊的特色。"①在这里，新启蒙运动参与者已经意识到理论必须关照中国现实，但是他们更多地侧重于理论形式的中国化，将"中国化"视为宣传、推广的有利方法。

艾思奇是马克思主义哲学中国化的首倡者。1938 年 4 月，艾思奇针对抗战以来中国哲学界理论脱离实际的倾向，在《哲学的现状和我们的任务》中提出："现在需要来一个哲学研究的中国化、现实化的运动。"② 艾思奇提出以马克思主义和辩证法唯物论为武器，用辩证法唯物论和政治经济学的科学方法来研究和把握中国社会的现实问题，进而采取正确的战略策略，助推中国革命成功。可以看出，艾思奇所说的"马克思主义中国化"虽然侧重于马克思主义哲学中国化，但是他已经有意识地将马克思主义与中国当时的革命运动进行结合，突出马克思主义的实践属性。

艾思奇提出的"马克思主义哲学中国化"命题给予毛泽东系统阐述"马克思主义中国化"思想以有益的启示。1938 年 10 月，在党的六届六中全会上，毛泽东在《论新阶段》的政治报告中提出："没有抽象的马克思主义，只有具体的马克思主义。所谓具体的马克思主义，就是通过民族形式的马克思主义，就是把马克思主义应用到中国具体环境的具体斗争中去，而不是抽象地应用它。成为伟大中华民族之一部分而与这个民族血肉相联的共产党员，离开中国特点来谈马克思主义，只是抽象的空洞的马克思主义。因此，马克思主义的中国

---

① 张申府：《什么是新启蒙运动》，生活书店 1939 年版，第 89 页。
② 《艾思奇文集》第一卷，人民出版社 1981 年版，第 387 页。

化，使之在其每一表现中带着中国的特性，即是说，按照中国的特点去应用它，成为全党亟待了解并亟须解决的问题。"① 在这里，毛泽东既提到了"民族形式"，也提到了"中国具体环境的具体斗争"。由此可见，在马克思主义中国化命题阐发的初始阶段，其思想内涵中已经包含马克思主义基本原理同中国具体实际相结合、同中华优秀传统文化相结合的内在意蕴。但是当时的时代背景使中国人侧重于用马克思主义解决中国面临的革命和战争的实际问题，所以"马克思主义基本原理同中华优秀传统文化相结合"的提法一直没有被正式提出。

改革开放以后，我们党在各种场合依然反复强调马克思主义基本原理同中国具体实际相结合。直到建党百年之际，以习近平为主要代表的中国共产党人正式提出了"两个结合"的重要论断。回看马克思主义中国化的百年历程，从"中国化"到"马克思主义哲学中国化"，再到"马克思主义中国化"，从"一个结合"到"两个结合"，中国共产党始终脚踏实地、一步一个脚印地走在理论创新的道路上，以高度的历史使命和责任担当，自觉地推进马克思主义中国化，形成了一系列重大理论创新成果，指导中国革命、建设和改革不断取得成功。党在不断推进马克思主义中国化理论成果创新的同时，也在不断推进方法论和认识论的理论创新。

二、 马克思主义基本原理同中国具体实际相结合

正如习近平总书记所强调的："马克思主义深刻改变了中国，中

---

① 《建党以来重要文献选编（1921～1949）》第十五册，中央文献出版社 2011 年版，第 651 页。

国也极大丰富了马克思主义。"① 马克思主义基本原理同中国具体实际相结合、同中华优秀传统文化相结合，这是一个相互作用、相辅相成的过程。在这个过程中，马克思主义同中国具体实际、马克思主义同中华优秀传统文化相得益彰、相映成趣。

（一）解决了党和国家面临的时代课题

马克思主义基本原理同中国具体实际相结合，不断成功解决党和国家面临的时代课题，指导中国革命、建设和改革持续取得成功。

鸦片战争后，西方列强的入侵和封建统治的腐朽使中国逐步沦为半殖民地半封建社会，世界上古老而伟大的中华民族一步步陷入困境。20 世纪三四十年代，时代给我们提出的课题是：中国向何处去？中国革命向何处去？作为马克思主义中国化的第一次历史性飞跃，毛泽东思想把马克思列宁主义基本原理同中国革命具体实际相结合，找到了一条适合中国国情的新民主主义革命道路。在毛泽东思想指引下，中国共产党团结带领中国人民，创造了新民主主义革命的伟大成就，推翻了长期压在中国人民身上的三座大山，建立了中华人民共和国，实现了民族独立和人民解放，中国人民从此"站起来"了。

中华人民共和国成立后，党和国家面临的时代课题是：如何顺利实现从新民主主义向社会主义的转变？如何在中国这样一个经济文化落后的东方大国建设社会主义？在这个时期，以毛泽东为主要代表的中国共产党人，继续结合新的实际丰富和发展毛泽东思想。从中华人民共和国成立到改革开放前夕，在毛泽东思想的正确指导下，党领导

---

① 习近平：《在党史学习教育动员大会上的讲话》，人民出版社 2021 年版，第 12 页。

人民完成社会主义革命，消灭一切剥削制度，实现了从一穷二白、人口众多的东方大国大步迈进社会主义社会的伟大飞跃，进行了轰轰烈烈的社会主义建设。

进入改革开放和社会主义现代化建设新时期，党面临的主要任务是：继续探索中国建设社会主义的正确道路，解放和发展社会生产力。这一时期，在中国特色社会主义理论体系的指引下，中国共产党领导中国人民以一往无前的进取精神和波澜壮阔的创新实践，成功开创、坚持和发展了中国特色社会主义，取得了改革开放和社会主义现代化建设的伟大成就。

中国特色社会主义进入新时代，在习近平新时代中国特色社会主义思想的理论武装下，党和人民继续将中国特色社会主义伟大事业推向前进，解决了许多长期想解决而没有解决的难题，办成了许多过去想办而没有办成的大事，推动党和国家事业取得历史性成就、发生历史性变革。中国特色社会主义进入新时代，以习近平同志为核心的党中央带领中国人民，守正创新、锐意进取，不断推进马克思主义中国化时代化理论创新，不断坚持习近平新时代中国特色社会主义思想的立场、观点和方法，实现了马克思主义世界观和方法论的新升华。

（二）马克思主义不断焕发生机与活力

马克思主义基本原理同中国具体实际相结合形成了一系列马克思主义中国化时代化的理论成果，使马克思主义不断焕发蓬勃生机和旺盛活力。马克思主义并没有结束真理，而是在实践中不断开辟认识真理的道路和途径。马克思主义是一门开放的、发展的理论体系，只有借鉴人类文明的一切有益成果，不断赋予马克思主义以新的时代内涵，马克思主义才能永葆生机与活力。从建党之日起，中国共产党始终坚持在坚守马克思主义立场、观点、方法，坚持马克思主义指导的前提下丰富和发展马克思主义。

新民主主义革命时期，以毛泽东为主要代表的中国共产党人，把马克思列宁主义基本原理同中国具体实际相结合，对经过艰苦探索、付出巨大牺牲积累的一系列独创性经验作了理论概括，开辟了农村包围城市、武装夺取政权的正确革命道路，创立了毛泽东思想。

社会主义革命和社会主义建设时期，以毛泽东为主要代表的中国共产党人，没有停下理论创新的步伐，结合社会主义革命和社会主义建设的实际，继续丰富和发展毛泽东思想，提出把马克思列宁主义基本原理同中国具体实际进行"第二次结合"，创造性地阐发了一系列关于社会主义建设的重要思想，丰富和发展了毛泽东思想。

改革开放和社会主义现代化建设新时期，中国共产党领导广大人民从新的建设实践和时代特征出发，坚持和发展马克思主义，创立了邓小平理论，形成了"三个代表"重要思想、科学发展观，科学回答了建设中国特色社会主义的发展道路、发展阶段、根本任务、发展动力、发展战略、政治保证、祖国统一、外交和国际战略、领导力量和依靠力量等一系列基本问题，形成了中国特色社会主义理论体系，实现了马克思主义中国化新的飞跃。

中国特色社会主义进入新时代，以习近平同志为主要代表的中国共产党人，结合当代中国从大国走向强国、从全面建成小康社会走向全面建设社会主义现代化国家进而全面推进实现中华民族伟大复兴的具体实际，进一步深化了对中国特色社会主义建设规律的认识，创立了习近平新时代中国特色社会主义思想。习近平新时代中国特色社会主义思想是当代中国马克思主义、二十一世纪马克思主义，是中华文化和中国精神的时代精华。十月革命一声炮响，给中国送来了马克思列宁主义。中国共产党人在不断进行理论创新的历史进程中，坚持推进马克思主义中国化时代化，坚持"两个结合"，通过不断形成马克思主义中国化的理论创新成果指导中国的具体实践，使马克思主义不断焕发出新的生机与活力，推进和实现了马克思主义中国化时代化新的飞跃。

三、 马克思主义基本原理同中华优秀传统文化相结合

马克思基本原理必须还要同中华优秀传统文化相结合。只有植根本国、本民族历史文化沃土，马克思主义真理之树才能根深叶茂；只有在同马克思主义的不断结合中，古老的中华文明也才能在创新时代迸发强大活力。

（一） 古老的中华文明焕发青春的光彩

马克思主义基本原理同中华优秀传统文化相结合，使古老的中华文明焕发出青春的光彩，在新的历史条件下与时俱进、发扬光大。

习近平总书记在党史学习教育动员大会上的讲话中指出："在近代中国最危急的时刻，中国共产党人找到了马克思列宁主义，并坚持把马克思列宁主义同中国实际相结合，用马克思主义真理的力量激活了中华民族历经几千年创造的伟大文明，使中华文明再次迸发出强大

精神力量。"① 中华民族是古老而又伟大的民族，创造了延续五千多年的灿烂文明，为人类文明进步做出了不可磨灭的贡献。深厚的文化根基使得中华民族一直是具有强烈民族自豪感和自信心的民族。

抗日战争时期，在外敌入侵的背景下，中国人的民族意识被大大激发出来。当时整个知识界弥漫着一种浓厚的"民族化""中国化"的氛围。社会上不再有五四时期"世界化"的口号，不再有"中国人要从'世界人'中挤出去"的忧惧，不再有"同浴于世界文明之流"的歌唱，有的是"中国化""中国魂""中国味""中国精神""中国风格""中国气派"，反映了当时的中国人发扬光大中国传统思想与学术以便与西学抗衡的热切心理。② 中华优秀传统文化经历了漫长的发展过程和无数次实践的检验，包含着许多具有普遍价值性的因素，我们需要找到发扬中华优秀传统文化的正确途径。

掌握马克思主义的中国共产党找到了重振中华文化的密钥。要想使中华优秀传统文化洗去旧日尘埃、重放光明，需要运用马克思主义的立场、观点、方法，加强对中华优秀传统文化的挖掘和阐发，把跨越时空、超越国界、富有永恒魅力、具有当代价值的文化精神弘扬起来，使中华优秀传统文化在新的历史条件下与时俱进、发扬光大。中国共产党在理论创新早期就认识到要继承中华传统文化的精华，在坚持马克思主义的同时做中华优秀传统文化的忠实继承者和弘扬者。在正式提出"马克思主义中国化"的党的六届六中全会上，毛泽东指出："我们是马克思主义的历史主义者，我们不应当割断历史。从孔

---

① 习近平：《在党史学习教育动员大会上的讲话》，人民出版社 2021 年版，第 11 页。
② 陈亚杰：《当代中国意识形态的起源》，新星出版社 2009 年版，第 218 页。

夫子到孙中山，我们应当给以总结，承继这一份珍贵的遗产。"① 1943
年《中国共产党中央委员会关于共产国际执委主席团提议解散共产国
际的决定》指出："中国共产党人是我们民族一切文化、思想、道德
的最优秀传统的继承者，把这一切优秀传统看成和自己血肉相连的东
西，而且将继续加以发扬光大。中国共产党近年来所进行的反主观主
义、反宗派主义、反党八股的整风运动就是要使得马克思列宁主义这
一革命科学更进一步地和中国革命实践、中国历史、中国文化深度结
合起来。"②

新中国成立以后，中国共产党始终在探索如何更好地传承和发展
中华文明，如何以中华文明促进社会主义文化建设。新中国成立初
期，毛泽东强调文化和艺术要以中国的传统文化为根基，吸取外来的
事物加以创新，并把它们有机地融合在一起，归纳出"古为今用、洋
为中用"的文化方针。新中国成立以后，特别是改革开放以后，经过
漫长的社会主义文化建设实践和摸索，我们党从文化建设的经验和教
训出发，最终找到了一条具有中国特色的社会主义文化发展之路，使
中华文化呈现出现代形态——中国特色社会主义文化。党的十八大以
来，习近平总书记关于中国道路的"四个走出来"、关于中国特色的
"四个讲清楚"、关于"没有中华五千年文明，哪里有什么中国特
色"、关于马克思主义中国化的"两个结合"、关于中华文明探源工
程等一系列论述，有力推动了中华民族的文化自信与文明觉醒。③ 未
来的日子里，中华文明将结合马克思主义理论不断进行创新发展，继

① 《毛泽东选集》第二卷，人民出版社1991年版，第534页。
② 《建党以来重要文献选编（1921~1949）》第二十册，中央文献出版社2011年版，第318—319页。
③ 李文堂：《中国共产党百年文化成就》，《中国党政干部论坛》2021年第10期。

续在国际大舞台上与世界各国文明交流互鉴，在世界范围内彰显其永恒魅力，持续为人类提供正确精神指引，为世界贡献更多中国方案和中国智慧。

（二）赋予马克思主义民族特色

马克思主义基本原理同中华优秀传统文化的结合，丰富和发展了马克思主义理论，赋予其民族特色，使其广泛传播、深入人心。

马克思主义基本原理同中华优秀传统文化的结合，首先是赋予马克思主义中华文化的形式。任何一种高深的学问，想要真正影响大众，就必须先走进群众。马克思主义只有走进群众、影响群众、掌握群众，才能变成改变中国社会的物质力量。马克思主义产生于西欧发达资本主义国家，而中国是一个典型的东方农业社会，作为一种外来的理论，马克思主义要指导中国的社会实践，要在中国特殊的社会条件下实现马克思所指明的社会理想，就必须具备"中国作风和中国气派"，形成一种具有中华民族特征的文化样式，进而实现在中华大地广泛传播，充分发挥马克思主义理论的强大威力。

在中国近现代史上被毛泽东称为"党在理论战线上的忠诚战士"的当代杰出哲学家艾思奇，在革命战争年代就开始尝试用中国人耳熟能详的事例和通俗化的口语阐述马克思主义的立场、观点、方法。为了使马克思主义哲学普及于大众，艾思奇大量运用中国传统文化来说明深刻的马克思主义原理，运用群众的语言表达抽象的概念和深奥的哲理，深入浅出，生动形象，通俗易懂，使读者和听众产生共鸣，产生对马克思主义理论的兴趣。他在《大众哲学》中讲唯物辩证法的基本规律时，用"无风不起浪"的通俗事例，来说明事物普遍联系的规律；

用"追论雷峰塔的倒塌"来说明质与量相互转化的规律；用"岳飞是怎样死的"来说明对立统一的规律。他还使用"一块招牌上的种种花样""牛角尖旅行记""笑里藏刀"等形象生动的标题和内容，来阐述深刻的哲学道理。[①] 这些通俗易懂而喜闻乐见的表达方式，迅速而扎实地满足了无数进步青年对晦涩哲学的饥渴，促进了马克思主义更广泛而深入的传播。

毛泽东思想也是马克思主义基本原理同中华优秀传统文化相结合的光辉典范。《实践论》正式发表时还特意把"论认识和实践的关系——知和行的关系"作为副题标出，这就表明了作者试图解决中国哲学史上知行关系问题的深刻用意。《矛盾论》则批判继承了中国传统文化中《周易》《老子》《孙子》等著作中的"一阴一阳之谓道""相反相成"等辩证法思想，批判了"天不变，道亦不变"的形而上学思想。[②] 对于社会主义和共产主义的理想，毛泽东直接借用了中国儒家的"大同"概念，"经过人民共和国到达社会主义和共产主义，到达阶级的消灭和世界的大同"[③]，用这样民族化的语言使遥远的共产主义理想从一个抽象的概念变成中国人可以想象得出的画面。由于马克思主义本质是一种科学的理论体系，本身就具有严密的逻辑性和深刻的学理性，再加上马克思主义本来是"说德语"的，背后所依托的是西方文化背景，所以顺利实现马克思主义"说中文"并非一件易事。借用中华传统文化中与马克思主义内涵一致的概念、说法和事例等，可以在中国人与马克思主义之间迅速建立一种情感上的联系、产

---

① 李䌷：《"和生活打成一片"——艾思奇是怎样进行马克思主义哲学大众化的》，《党的文献》2017 年第 3 期。

② 雍涛：《〈实践论〉、〈矛盾论〉与马克思主义哲学中国化》，《哲学研究》2007 年第 7 期。

③《毛泽东选集》第四卷，人民出版社 1991 年版，第 1471 页。

生思想上的共鸣，使马克思主义变得更易接触、理解和接纳，促使马克思主义在中国落地生根。

马克思主义同中华优秀传统文化相结合，不是单纯的拼凑，也不能停留于外在形式的结合，而是还要寻找两者中理念相通的内容，运用马克思主义世界观、方法论，有一个对传统文化取其精华、去其糟粕的过程，通过吸收、改造和转化，赋予其新的时代内涵，实现马克思主义同中华优秀传统文化的有机结合和深度结合。正如党的二十大报告所指出："我们必须坚定历史自信、文化自信，坚持古为今用、推陈出新，把马克思主义思想精髓同中华优秀传统文化精华贯通起来，同人民群众日用而不觉的共同价值观念融通起来，不断赋予科学理论鲜明的中国特色，不断夯实马克思主义中国化时代化的历史基础和群众基础，让马克思主义在中国牢牢扎根。"[①]

习近平新时代中国特色社会主义思想是当代中国马克思主义、二十一世纪马克思主义，是中华文化和中国精神的时代精华，实现了马克思主义中国化时代化新的飞跃。习近平新时代中国特色社会主义思想是"中华文化和中国精神的时代精华"，突出了习近平新时代中国特色社会主义思想以中华文化为精神根基和文化源泉，是马克思主义基本原理同中华优秀传统文化相结合的典范。例如，习近平总书记反复强调如下思想："我将无我，不负人民""江山就是人民，人民就是江山""让人民生活幸福是'国之大者'"，等等，突出体现了习近平新时代中国特色社会主义思想中的中华文化和中国精神。习近平总书记关于人民的重要思想既丰富和发展了马克思主义关于人民的思

---

①习近平：《高举中国特色社会主义伟大旗帜　为全面建设社会主义现代化国家而团结奋斗》，人民出版社2022年版，第18页。

想，也是对中国古代民本思想的继承和发展。再例如，2015 年 1 月 12 日，习近平总书记在中央党校县委书记研修班学员座谈会上的讲话中，引用"宰相必起于州部，猛将必发于卒伍"。这个典故来自《韩非子·显学》，意思是说，宰相必定是从地方下层官员中提拔上来的，猛将必定是从士兵队伍中挑选出来的。① 基层是培养锻炼干部的"练兵场"，这种人才观与马克思主义的实践观点是高度契合的。新时代新征程，坚持马克思主义基本原理同中华优秀传统文化相结合，汲取五千多年中华文明的丰厚滋养，继续发展当代中国马克思主义，是新时代坚持"两个结合"方法论的题中应有之义。

在"两个一百年"历史交汇点的关键节点提出"两个结合"，既是对中国共产党不断推动理论创新的历史经验总结，也是今后继续推动马克思主义中国化向前发展、不断推出马克思主义中国化时代化创新理论成果的明确宣示。习近平总书记指出："在前进道路上我们面临的风险考验只会越来越复杂，甚至会遇到难以想象的惊涛骇浪。"② 面对世情、国情、党情变化带来的新问题、新要求、新考验，我们要始终遵循"两个结合"，将马克思主义基本原理同中国具体实际相结合，不断推进中国特色社会主义；将马克思主义基本原理同中华优秀传统文化相结合，助推中华优秀传统文化的创造性转化和创新性发展，继续推进马克思主义中国化时代化，最终实现中华民族伟大复兴的中国梦。

---

① 人民日报评论部：《习近平用典》，人民日报出版社 2015 年版，第 158 页。
② 《习近平谈治国理政》第三卷，外文出版社 2020 年版，第 225—226 页。

第二节 理论创新永无止境

实践是认识的来源。作为在实践基础上建立起来的学说，不断发展的实践对马克思主义提出了理论创新的客观要求。

一、 马克思主义是开放的、 发展的学说

习近平总书记在纪念马克思诞辰 200 周年大会上的讲话中指出："马克思主义是不断发展的开放的理论，始终站在时代前沿。"① 马克思主义不是一成不变的教条，是开放的、发展的学说，必须随着实践的变化而发展。

马克思、恩格斯对自己的理论从来都持开放态度。马克思指出："我们不想教条地预期未来，而只是想通过批判旧世界发现新世界。"② 恩格斯也曾告诫人们："我们的理论是发展着的理论，而不是必须背得烂熟并机械地加以重复的教条。"③ 在实践基础上的理论创新，是保持马克思主义开放性和时代性的根本途径。

作为历史的产物，马克思主义之所以能够在创立一百七十多年后依旧保持其美妙之青春，关键在于马克思主义始终处于开放和不断发

---

① 习近平：《在纪念马克思诞辰 200 周年大会上的讲话》，人民出版社 2018 年版，第 9 页。
②《马克思恩格斯文集》第十卷，人民出版社 2009 年版，第 7 页。
③《马克思恩格斯选集》第四卷，人民出版社 2012 年版，第 588 页。

展之中，以开放的姿态紧跟时代步伐，在引领时代中保持开放发展，不断解决时代发展提出的新课题、回应人类社会面临的新挑战。一部马克思主义发展史就是马克思、恩格斯以及他们的后继者们不断根据时代、实践、认识发展而发展的历史，是不断吸收人类历史上一切优秀思想文化成果丰富发展自己的历史。①

二、 从世情、 国情、 党情解读新实践

"逝者如斯夫，不舍昼夜。"从嘉兴南湖到井冈山，从延安到西柏坡，再到北京天安门，从新民主主义革命到社会主义革命，从社会主义探索与建设到中国特色社会主义道路的开辟，再到进入中华民族伟大复兴不可逆转的历史进程，当代中国正在经历并将继续经历人类历史上最为宏大而独特的实践创新。

从世情来看，当今世界正经历新一轮大发展大变革大调整，大国战略博弈全面加剧，国际体系和国际秩序深度调整，人类文明发展面临的新机遇新挑战层出不穷，不确定不稳定因素明显增多。② 2022 年1 月 17 日，习近平总书记在北京出席 2022 年世界经济论坛视频会议并发表《坚定信心 勇毅前行 共创后疫情时代美好世界》的演讲。在演讲中，习近平总书记指出，当今世界正在经历百年未有之大变局。这场变局不限于一时一事、一国一域，是深刻而宏阔的时代之变。时代之变和世纪疫情相互叠加，世界进入新的动荡变革期。新一轮科技革命和产业革命蓄势待发，经济全球化进程快速发展，世界多极化深

---

① 参见简繁：《马克思主义的开放性和时代性在中国得到充分彰显》，《求是》2022 年第 13 期。
② 叶小文：《 "集中力量办好自己的事情" 的深刻意蕴》，《人民论坛》2020 年第 4 期。

入发展，世界经济版图、全球治理体系、国际力量对比将会出现具革命性的、历史性的甚至是难以逆转的变化。

从国情来看，在第一个百年中，中国共产党向人民、向历史交出了一份优异的答卷。如今，中国共产党团结带领中国人民又踏上了全面建设社会主义现代化强国、实现第二个百年奋斗目标新的赶考之路。"十四五"时期，我国进入新发展阶段，但发展不平衡不充分问题仍然突出，重点领域关键环节改革任务仍然艰巨，还存在许多短板弱项。2020 年，在经济社会领域专家座谈会上，习近平总书记从党和国家事业发展的战略全局出发，深刻阐述了需要正确认识和把握的中长期经济社会发展重大问题，强调要以辩证思维看待新发展阶段的新机遇新挑战，以畅通国民经济循环为主，构建新发展格局，以科技创新催生新发展动能，以深化改革激发新发展活力，以高水平对外开放打造国际合作和竞争新优势，以共建共治共享拓展社会发展新局面。这七个"新"，是我国发展中的重大理论和现实问题，更是实践创新给我们提出的重大课题。[①]

从党情来看，党面临的执政考验、改革开放考验、市场经济考验、外部环境考验日益严峻，党面临的精神懈怠危险、能力不足危险、脱离群众危险、消极腐败危险愈加凸显。从内部来看，党的自身建设仍存在一些与现实情况不匹配、不适应的地方，党内存在的思想不纯、政治不纯、组织不纯、作风不纯等突出问题尚未得到根本解决，具有反复性和顽固性；从外部来看，影响党的先进性、弱化党的纯洁性的各种因素具有很大的危险性和破坏性。

---

① 参见何毅亭：《"我国进入新发展阶段"是重大战略判断》，《经济时报》2020 年 8 月 31 日。

　　既然时代已经出卷，我们就要做合格的答卷人。历史巨变给理论创新提供了肥沃的土壤，中国人有责任、有资格、有能力揭示其中所蕴含的历史经验和发展规律，为发展马克思主义做出中国的原创性贡献。我们要坚持用马克思主义观察时代、解读时代、引领时代，乐于创新、勇于创新、善于创新，用鲜活丰富的当代中国实践来推动马克思主义理论发展，用宽广的视野吸收人类创造的一切优秀文明成果，坚持在改革中守正创新、不断超越自己，在开放中博采众长、不断完善自己，不断深化对共产党执政规律、社会主义建设规律、人类社会发展规律的认识，不断开辟当代中国马克思主义、二十一世纪马克思主义新境界。

三、 理论创新的实践逻辑

　　毛泽东指出："实践当中是要出道理的。"[①] 时代是思想之母，实践是理论之源。按照马克思主义科学实践观的观点，实践是认识的来源和基础。理论创新不是向壁虚构，也不是闭门觅句，而是伴随社会实践向前推进，不断观察新形势，思考新问题，分析新趋势，深入总结实践经验和历史教训，对现有理论体系作出符合现实发展的理论升华。《易经》有言："生生不息之谓易。"社会实践永远处于发展之中，理论创新的步伐也永远不能停下。

（一）基于实践的马克思主义和列宁主义

　　19世纪上半期，随着工业革命的深入发展，大机器生产逐渐取代

[①]《毛泽东年谱（1949—1976）》第三卷，中央文献出版社2013年版，第345页。

了工场手工业，社会生产力极大提高，基于对资本主义发展的透彻分析、对工人运动的经验和教训的深入总结、对黑格尔唯心主义和费尔巴哈人本主义的唯物主义和空想社会主义的批判与超越，马克思、恩格斯创立了马克思主义。当资本主义从自由竞争阶段发展到垄断阶段时，列宁深入研究了帝国主义的本质、特征和基本矛盾，揭示了帝国主义产生、发展和灭亡的客观规律，得出无产阶级革命的新结论，成功将马克思主义推进到帝国主义和无产阶级革命时代，创立了列宁主义。马克思列宁主义正是基于工人运动的革命实践和无产阶级革命经验，不断在理论创新中丰富和发展的。

（二）基于实践的毛泽东思想和中国特色社会主义理论体系

回首百年峥嵘路，正因为中国共产党领导人民在一次次求索、一次次挫折、一次次开拓中坚持一切从实际出发，坚持把马克思主义基本原理同中国具体实际相结合、同中华优秀传统文化相结合，不断推进马克思主义中国化时代化，最终带领人民完成了中国其他政治力量不可能完成的艰巨任务。没有在井冈山建立农村革命根据地，领导人民打土豪、分田地的实践，就不会有农村包围城市革命道路的提出；没有"三湾改编"、古田会议，就不会有思想建党、政治建军原则的确立；没有土地革命战争、抗日战争和解放战争的经验，就不会有十大军事原则；没有历史上党内斗争存在过的"残酷斗争、无情打击"的"左"倾错误教训，也不会有"惩前毖后，治病救人"的正确方针；没有我国社会主义改造基本完成、社会主义制度基本建立的实践基础，也不会有党的八大关于我国社会主要矛盾的正确判断；没有改革开放的伟大实践，没有我国从高度集中的计划经济体制到充满活力的社会主义市场经济体制、从封闭半封闭到全方位开放的历史性转变，就不可能创立邓小平理论；没有全党聚精会神搞建设、坚持不懈抓党建，全面推进党的建设新的伟大工程，也不会形成"三个代表"重要思想；没有抗击非典型肺炎疫情的经历，没有我国在经历经济高速发展阶段之后暴露出的新矛盾新问题，就不会形成科学发展观。毛泽东思想和中国特色社会主义理论体系的创立和形成过程充分诠释了理论创新的基本逻辑，即经过艰苦探索、付出巨大牺牲的一系列实践经验是理论创新的实践基础。

（三）基于实践的习近平新时代中国特色社会主义思想

伴随着中国特色社会主义进入新时代，我国发展站到了新的历史起点上。以习近平同志为核心的党中央，以伟大的历史主动精神、巨大的政治勇气、强烈的责任担当，统筹国内国际两个大局，统揽伟大斗争、伟大工程、伟大事业、伟大梦想，出台一系列重大方针政策，推出一系列重大举措，推进一系列重大工作，战胜一系列重大风险挑战，解决了许多长期想解决而没有解决的难题，办成了许多过去想办而没有办成的大事，推动党和国家事业取得了历史性成就、发生历史性变革。

伟大时代呼唤伟大理论，伟大实践孕育伟大思想。以习近平同志为主要代表的中国共产党人，坚持把马克思主义基本原理同中国具体实际相结合、同中华优秀传统文化相结合，坚持毛泽东思想、邓小平理论、"三个代表"重要思想、科学发展观，深刻总结并充分运用党成立以来的历史经验，从新的实际出发，创立了习近平新时代中国特色社会主义思想。极深研几，更可从细微之处看出习近平新时代中国特色社会主义思想的实践逻辑。

例如，党的十八大以来，在习近平总书记的领导下，新时代党建工作全面统筹推进，以党风廉政建设作为突破口，着力解决人民群众反映强烈的"四风"问题，致力于建立不敢腐、不能腐、不想腐的体制机制。党中央以前所未有的力度开展反腐败斗争，出台中央八项规定，开展党的群众路线教育实践活动和"三严三实"专题教育，打虎拍蝇猎狐全方位阻击腐败官员，开展中央巡视工作。仅仅一年多的时间，不正之风和腐败问题就被有效遏制。正是在这样的实践基础之上，形成了习近平总书记关于党的建设的重要论述。

例如，党的十八大以来，以习近平同志为核心的党中央以前所未有的力度抓生态文明建设，使我国生态环境保护发生历史性、转折性、全局性变化。实施中央生态环境保护督察，改革省以下环保机构监测监察执法垂直管理制度，推行河湖长制，建立生态环境损害赔偿制度改革试点，完成制修订大气污染防治法、水污染防治法、环境影响评价法、环境保护税法等法律……一系列有力举措使美丽中国建设迈出重大坚实步伐。正是在新时代生态文明建设伟大实践中，形成了习近平生态文明思想。

再例如，党的十八大以来，以习近平同志为核心的党中央洞察国际大势，把握时代脉搏，统筹中华民族伟大复兴战略全局和世界百年未有之大变局，坚持维护世界和平、促进共同发展的宗旨，走相互尊重、合作共赢的和平发展道路，高举和平、发展、合作、共赢的旗帜，推动"一带一路"建设，打造全球伙伴关系，积极推动构建人类命运共同体，引领全球治理体系改革，走出了一条中国特色大国外交之路。正是在波澜壮阔的外交实践中，形成了习近平外交思想。

基于新时代中国特色社会主义建设实践，以习近平同志为主要代表的中国共产党人创立了习近平新时代中国特色社会主义思想，形成了马克思主义中国化时代化的最新理论创新成果，开辟了马克思主义在当代中国发展的新境界。

第三节　新时代坚持理论创新引领理论强党强国

理论与实践的互动和联系不是单向的，而是双向的。理论从实践中来，最终也要到实践中去。理论成果的形成只是理论创新的一个环节，理论创新的目的是要指导实践。

一、"改变世界"的马克思主义

在英国伦敦海格特公墓的马克思墓碑上，镌刻着马克思的一句名言："哲学家们只是用不同的方式解释世界，而问题在于改变世界。"[①] 虽然"解释世界"与"改变世界"不是简单的非此即彼的关系，但是从前的哲学家大多仅仅停留于并满足于对世界的解释活动中。与"纯粹思辨的观念"和"书斋里的学问"不同，马克思倾尽毕生心血所创建的马克思主义一开始就打出"改变世界"的旗号，强调诉诸实践活动。在《德意志意识形态》中，马克思、恩格斯对何谓

---

①《马克思恩格斯文集》第一卷，人民出版社 2009 年版，第 506 页。

"改变世界"作了明确的解释："对实践的唯物主义者即共产主义者说来，全部问题都在于使现存世界革命化，实际地反对和改变现存的事物。"①

实践性的理论特质贯穿于马克思主义理论体系的全部，使马克思主义与其他理论形成了鲜明的理论分野。马克思主义哲学，阐释了自然界、人类社会和人类思维的发展规律，阐明了无产阶级的科学世界观和方法论，是无产阶级及其政党认识世界、改造世界的锐利思想武器；马克思主义政治经济学，指出了资本主义社会的内在矛盾，揭示了资本主义生产方式的本质及其产生、发展和灭亡的客观规律，阐明了剩余价值学说，揭开了资本主义剥削的秘密，使无产阶级认清了自身的责任和使命，为无产阶级革命提供了理论依据；科学社会主义以马克思主义哲学和政治经济学为理论基础，阐述了无产阶级政党的性质、组织原则、斗争策略、奋斗目标等，阐明了无产阶级解放运动的条件和发展规律，指出了无产阶级彻底解放的正确道路，是直接指导无产阶级革命斗争和无产阶级政党改造旧世界的思想武器。

可以说，马克思主义的实践性是与生俱来的。马克思主义就是马克思、恩格斯为了指导世界工人运动而创立的。19 世纪三四十年代，法、英、德等国无产阶级开展了独立的政治运动，主要表现就是组织了著名的欧洲三大工人运动，即法国里昂工人起义、英国宪章运动、德国西里西亚纺织工人起义，工人阶级作为一支独立的政治力量登上历史舞台。这三次大规模的工人运动虽然都遭到镇压，但留下了深刻的教训：没有革命理论的指导，无产阶级就不可能取得革命的胜利。

①《马克思恩格斯选集》第一卷，人民出版社 2012 年版，第 155 页。

因此，创建科学基础上的革命理论，就成为时代的迫切需要。马克思主义在这个时候应运而生。

1848 年《共产党宣言》的发表标志着科学社会主义的创立，标志着马克思主义的诞生。此时，革命的浪潮席卷了欧洲各国。因此，马克思主义从诞生之日起就被运用于指导世界工人运动和无产阶级革命实践。当时，马克思和恩格斯积极投身参与共产主义者同盟中央委员会的组建、法德工人运动的组织指导等活动。1848 年革命失败后，马克思在英国伦敦重新组织了共产主义者同盟中央委员会，参加伦敦德意志工人教育协会。为了继续有效指导世界工人运动，马克思、恩格斯在 19 世纪 60 年代成立并长期领导了第一国际。因此，恩格斯在马克思墓前的讲话中，在总结了马克思一生的"两大发现"后，突出强调："马克思首先是一个革命家。他毕生的真正使命，就是以这种或那种方式参加推翻资本主义社会及其所建立的国家设施的事业，参加现代无产阶级的解放事业。"[①] 马克思身体力行地证明马克思主义是革命的理论、实践的理论、行动的理论。

二、 实践为理论 "加冕"

毛泽东同志指出："如果有了正确的理论，只是把它空谈一阵，束之高阁，并不实行，那么，这种理论再好也是没有意义的。"[②] 理论家如果脱离了社会实践，只是从书本中来到书本中去，就会成为空洞的理论家。理论如果脱离了实际，就会成为僵化的教条，就会失去其

---

①《马克思恩格斯选集》第三卷，人民出版社 2012 年版，第 1003 页。
②《毛泽东选集》第一卷，人民出版社 1991 年版，第 292 页。

活力与生命力。脱离了实践的理论是空洞的理论，脱离了理论的实践是盲目的实践。理论只有与实践紧密联系，才能发挥对实践的指导作用，实现自身的价值和意义。用理论分析实践，用理论指导实践，用理论解决实践中的问题，在实践中实现理论的价值，就是通过实践为理论"加冕"。

党的十九届六中全会通过的《中共中央关于党的百年奋斗重大成就和历史经验的决议》指出："马克思主义的科学性和真理性在中国得到充分检验，马克思主义的人民性和实践性在中国得到充分贯彻，马克思主义的开放性和时代性在中国得到充分彰显。"[1] 马克思主义的科学性和真理性、人民性和实践性、开放性和时代性都是在中国共产党团结带领全国各族人民的奋斗实践中显现的。

马克思主义的科学性和真理性，是在科学解答不同历史时期党和国家事业发展面临的重大历史课题中得到证实的。实践证明，马克思主义是能够科学回答问题、真正解决问题的强大思想武器。新民主主义革命时期，我们党创立了毛泽东思想，实现了马克思主义中国化的第一次历史性飞跃，推翻了三座大山，实现了民族独立、人民解放。社会主义革命和建设时期，我们党丰富和发展毛泽东思想，顺利实现从新民主主义到社会主义的转变，推进社会主义建设。改革开放和社会主义现代化建设新时期，我们党坚持解放思想、实事求是、与时俱进、求真务实，创立了邓小平理论，形成了"三个代表"重要思想、科学发展观，形成中国特色社会主义理论体系，实现了马克思主义中国化新的飞跃，探索出中国建设社会主义的正确道路，不断解放和发

---

[1]《中共中央关于党的百年奋斗重大成就和历史经验的决议》，人民出版社 2021 年版，第 63 页。

展社会生产力，使人民逐渐摆脱贫困并富裕起来。中国特色社会主义进入新时代，以习近平同志为主要代表的中国共产党人坚持把马克思主义基本原理同中国具体实际相结合、同中华优秀传统文化相结合，坚持毛泽东思想、邓小平理论、"三个代表"重要思想、科学发展观，深刻总结并充分运用党成立以来的历史经验，从新的实际出发，创立了习近平新时代中国特色社会主义思想。习近平新时代中国特色社会主义思想是当代中国马克思主义、二十一世纪马克思主义，是中华文化和中国精神的时代精华，实现了马克思主义中国化时代化新的飞跃。① 在习近平新时代中国特色社会主义思想指引下，我国全面建成小康社会目标如期实现，顺利开启全面建设社会主义现代化国家新征程，向第二个百年奋斗目标进军。

马克思主义的人民性和实践性，是在指引人民改造世界和在实践中造福人民的行动中凸显的。人民群众是社会实践的主体，是历史的创造者。我们党坚持从中国实际出发、把握历史主动，不断推进马克思主义中国化时代化，团结带领全国各族人民为争取民族独立、人民解放和实现国家富强、人民幸福而不懈奋斗。在中国共产党的领导下，中国人民动员起来、组织起来、凝聚起来，投身到热火朝天的实践活动之中。② 一百多年来，党领导人民浴血奋战、百折不挠，创造了新民主主义革命的伟大成就；自力更生、发愤图强，创造了社会主义革命和建设的伟大成就；解放思想、锐意进取，创造了改革开放和社会主义现代化建设的伟大成就；自信自强、守正创新，创造了新时代中国特色社会主义的伟大成就。

---

① 参见丰子义：《马克思主义的科学性和真理性在中国得到充分检验》，《人民日报》2022 年 1 月 24 日。
② 参见姜迎春：《马克思主义的人民性和实践性在中国得到充分贯彻》，《人民日报》2022 年 1 月 24 日。

马克思主义的开放性和时代性，是在马克思主义中国化时代化的过程中体现的。中国共产党人对马克思主义始终秉持开放的科学态度，不断推进实践基础上的理论创新。毛泽东指出："马克思主义一定要向前发展，要随着实践的发展而发展，不能停滞不前。停止了，老是那么一套，它就没有生命了。"[①] 邓小平强调："真正的马克思列宁主义者必须根据现在的情况，认识、继承和发展马克思主义。"[②] 习近平总书记指出："面对快速变化的世界和中国，如果墨守成规、思想僵化，没有理论创新的勇气，不能科学回答中国之问、世界之问、人民之问、时代之问，不仅党和国家事业无法继续前进，马克思主义也会失去生命力、说服力。"[③] 一百多年来，我们党坚持把马克思主义基本原理同中国具体实际相结合、同中华优秀传统文化相结合，不断推进马克思主义中国化时代化，创立了毛泽东思想、邓小平理论，形成了"三个代表"重要思想、科学发展观，创立了习近平新时代中国特色社会主义思想，为党和人民事业发展提供了科学理论指南。党的百年奋斗历程充分证明，只要坚持在实践基础上推进理论创新，进行理论创造，我们党就能始终充满生机活力，党和人民的事业就会顺利发展。[④]

① 《毛泽东文集》第 7 卷，人民出版社 1999 年版，第 281 页。
② 《邓小平文选》第三卷，人民出版社 1993 年版，第 291 页。
③ 《继续把党史总结学习教育宣传引向深入　更好把握和运用党的百年奋斗历史经验》，《人民日报》2022 年 1 月 12 日。
④ 艾四林：《马克思主义的开放性和时代性在中国得到充分彰显》，《人民日报》2022 年 1 月 24 日。

三、 在实践中检验和创新理论

马克思主义在指导无产阶级革命实践的过程中实现自己的历史使命，又在这种实践的过程中使自身不断经受检验，获得丰富、修正和发展。正如马克思所说："最好是把真理比作燧石，它受到的敲打越厉害，迸发出的火花就越灿烂。"① 理论是从实践中产生的，理论是否正确还要接受实践检验并要在实践中得到调整、发展和创新。

马克思主义是颠扑不破的真理，但它不是已经完成了的绝对真理或者已经到达了真理的顶峰，由于主观认识和客观条件的局限性，马克思主义中的个别论断需要根据实际情况的发展而改变。例如，在1848 年欧洲革命失败后，马克思、恩格斯曾预言，新的革命高潮很快会到来，无产阶级终将获得最终胜利。但是 1895 年恩格斯又写道："历史表明，我们以及所有和我们有同样想法的人，都是不对的。历史清楚地表明，当时欧洲大陆经济发展的状况还远没有成熟到可以铲除资本主义生产的程度。"②

再例如，1872 年，马克思和恩格斯对《共产党宣言》中无产阶级要用暴力革命夺取政权以推翻资产阶级的说法，感到有些陈旧和过时，因此明确指出："由于最近 25 年来大工业有了巨大发展而工人阶级的政党组织也跟着发展起来，由于首先有了二月革命的实际经验而后来尤其是有了无产阶级第一次掌握政权达两月之久的巴黎公社的实际经验，所以这个纲领现在有些地方已经过时了。特别是公社已经证

---

① 《马克思恩格斯全集》第一卷，人民出版社 1995 年版，第 174 页。
② 《马克思恩格斯选集》第四卷，人民出版社 2012 年版，第 384 页。

明：'工人阶级不能简单地掌握现成的国家机器，并运用它来达到自己的目的。'"①

这些例子体现出马克思和恩格斯具有尊重实践、勇于面对自己不合时代发展形势的观点、勇于承认自己的一些观点不够完善的可贵品格。他们面对自己观点存在的不适合、不完善之处，没有回避和掩饰，而是积极思考、及时修改完善。勇于承认自己观点的不合时宜之处也符合马克思一直所主张的"要对现存的一切进行无情的批判"，在 1843 年写给阿尔诺德·卢格的信中，他对"无情"作了详细解释："所谓无情，就是说，这种批判既不怕自己所做的结论，也不怕同现有各种势力发生冲突。"② 我们就是要有与真理"死磕到底"的劲头，所以即使是错误也无可畏惧。

四、 在增强理论武装中推进理论强党强国

马克思有一句名言："批判的武器当然不能代替武器的批判，物质的力量只能用物质力量来摧毁；但是理论一经掌握群众，也会变成物质力量。"③ 从理论到实践，从精神力量到物质力量，首先要用理论掌握群众、武装全党。理论武装是理论与实践的中介和桥梁，将党的理论创新最新成果传播至广大党员干部和人民群众之中，使他们接受信服并贯彻落实，理论创新的实践功能才能发挥出来。因此，理论创新每前进一步，理论武装就要跟上一步，要在不断推进理论武装党员

---

① 《马克思恩格斯选集》第一卷，人民出版社 2012 年版，第 377 页。
② 《马克思恩格斯文集》第十卷，人民出版社 2009 年版，第 7 页。
③ 《马克思恩格斯选集》第一卷，人民出版社 2012 年版，第 9 页。

干部群众中推进理论强党强国。

坚持理论武装是中国共产党的优良传统和政治优势。中国共产党建党之始，就非常重视马克思主义的理论武装。党的一大通过的《中国共产党第一个决议》就提出，"党应在工会里灌输阶级斗争的精神"①"教育工人，使他们在实践中去实现共产党的思想"②。在艰苦卓绝的百年奋斗中，强有力的思想理论武装始终是我们党的制胜法宝。③

1937年11月下旬，陈云从新疆返回延安，并接任中央组织部部长一职。1938年起，陈云在中央组织部组织干部学习马克思主义理论，尤其是马克思主义哲学。陈云提出一套学习方法帮助干部们深入学习经典著作的精神，深刻领会马克思主义的立场、观点和方法，其中重要的一项就是做笔记。对于这一方法，陈云在《学习是共产党员的责任》一文中作了阐释："读书要做笔记。这有两个好处，一是让你多读几次，一是逼着你聚精会神，认真思索，使你了解深刻些，而不像随便看过去那样模模糊糊。"④陈云还常常查阅一些干部的笔记，看看他们是如何记笔记的以及都记了什么内容。如果有分歧，陈云还会和他们讨论。陈云组织的学习活动及其制度建设帮助干部养成了勤于学习、善于学习、坚持学习的习惯，也使延安整风这场全党范围内的马克思主义教育运动取得了丰硕的成果。⑤通过加强理论学习，广大党员干部群众用马克思主义理论武装了头脑。

---

① 《建党以来重要文献选编（1921～1949）》第一册，中央文献出版社2011年版，第4页。
② 《建党以来重要文献选编（1921～1949）》第一册，中央文献出版社2011年版，第5页。
③ 参见张磊：《理论武装凝聚磅礴力量》，《党建》2021年第7期。
④ 《陈云文选》第一卷，人民出版社1995年版，第189页。
⑤ 参见谭虎娃：《延安整风时期干部的写笔记制度》，《党史文苑》2017年第13期。

1938 年秋，党的六届六中全会提出了推进马克思主义中国化的任务。会后，党中央开展了一次学习运动，强调要把全党变成一个大学校，学习马克思列宁主义的理论、学习党的历史。[①] 在此期间，毛泽东等中央领导人致力将党的一系列独创性的经验转化为科学的理论，使党的理论建设和思想政治建设都出现了新的面貌。在延安整风开始以后，1941 年 9 月 26 日，中共中央决定成立以毛泽东为组长、王稼祥为副组长的中央学习研究组，召集全体党员干部阅读六大以来党的历史文件，研究六大以来的历史，学习、研究马克思列宁主义的思想方法论。同时，还在全国范围内积极筹备设立高级学习班。为此，中共中央书记处编印了《马恩列斯思想方法论》和《六大以来——党内秘密文件》等学习文件。通过学习和讨论，全党的马克思主义理论水平大大提升。[②]

中国特色社会主义进入新时代，思想建党、理论强党强国是我们必须坚守的历史传统，也是新时代守正创新基础上的理论创新的重要举措。新时代要不断加强理论创新、推进理论武装，用马克思主义中国化时代化最新理论创新成果——习近平新时代中国特色社会主义思想武装教育广大党员干部群众，切实用理论创新推进理论强党强国。2019 年 5 月 31 日，在"不忘初心、牢记使命"主题教育工作会议上，习近平总书记强调："开展这次主题教育，就是要坚持思想建党、理论强党，坚持学思用贯通、知信行统一。"[③] 用习近平新时代中国特色社会主义思想武装全党，是党的十九大提出的首要政治任务。广大党

---

① 王炳林：《延安整风运动与全党思想和行动的统一》，《党建》2022 年第 3 期。

② 参见李蓉：《延安整风运动纪实》，《世纪风采》2017 年第 11 期。

③ 习近平：《在"不忘初心、牢记使命"主题教育工作会议上的讲话》，人民出版社 2019 年版，第 3 页。

员干部群众要自觉用习近平新时代中国特色社会主义思想武装头脑，坚定理想信念，坚守政治定力，提高执行能力，不断提高思想理论水平，在学习中更加坚定为新时代党的历史使命而奋斗的宏伟目标。

坚持马克思主义基本原理和坚持实践第一的观点，二者虽然分属于理论和实践两个不同方面，但并不矛盾，而且是完全统一的，统一于理论创新和实践创新的良性互动，照亮着人们求索真理的道路。只要我们善于用新的理论指导新的实践、勇于结合新的实践不断推进理论创新，就一定能够让马克思主义在中国大地上展现出更强大、更有说服力的真理力量，保持马克思主义的蓬勃生机和旺盛活力。

实践没有止境，理论创新也没有止境。中国共产党带领中国人民就是要不断在新时代中国特色社会主义建设实践基础上增强理论创新，用马克思主义最新理论创新成果武装教育广大党员干部群众，推进理论强党强国。要加强理论创新，不断谱写马克思主义中国化时代化新篇章。继续推进实践基础上的理论创新，首先要把握好习近平新时代中国特色社会主义思想的世界观和方法论，坚持好、运用好贯穿其中的立场观点方法。新时代要不断坚持推进理论创新，加强理论武装，不断推进用马克思主义中国化时代化的最新理论创新成果强党强国。新时代要不断坚持用习近平新时代中国特色社会主义思想指导和引领全党全军全国各族人民，高举中国特色社会主义伟大旗帜，弘扬伟大建党精神，自信自强、守正创新，踔厉奋发、勇毅前行，全面建设社会主义现代化国家，奋力推进实现中华民族伟大复兴的中国梦。